Émile Gautier

Le darwinisme social

1879

Books On Demand

Copyright © 2020 Emile Gautier (domaine public)
Première édition : 1879
Édition : BoD – Books on Demand, 12/14 rond-point des Champs-Élysées, 75008 Paris.
Impression : BoD - Books on Demand, Norderstedt, Allemagne.
ISBN : 9782322254613
Dépôt légal : Octobre 2020
Tous droits réservés

Préface

Beaucoup de personnes ignorent sans doute qu'il existe depuis plusieurs mois, dans le cinquième arrondissement, un cercle d'études sociales.

L'opuscule que je publie aujourd'hui va leur révéler à la fois et son existence et sa valeur.

Non pas que ce soit là mon but exclusif, ni que je cherche à tirer vanité du fait d'appartenir à un groupe d'hommes en état d'élaborer et de produire des idées sérieuses à propos des problèmes les plus hauts et les plus complexes.

Ce que j'ai voulu, c'est que le fruit de nos travaux ne restât pas enfermé dans les bornes étroites de nos relations personnelles, mais qu'il fût, au contraire, communiqué au plus grand nombre possible. Il me répugnait de garder pour nous et pour ceux qui sont immédiatement les nôtres ce que nous avions reconnu juste, logique et vrai.

Les conclusions mêmes, au surplus, qui sont sorties de nos discussions philosophiques, ainsi que nos lecteurs pourront s'en convaincre plus loin, nous faisaient un devoir d'appeler au partage tous les penseurs de bonne volonté.

Cette brochure n'est autre chose que la collection des procès-verbaux de quelques-unes de nos séances ; c'est le résumé du cours familier de philosophie sociale que j'ai l'honneur de faire chaque semaine au sein de ce petit cénacle de républicains convaincus, augmenté, rectifié, corrigé, amendé suivant les observations des divers auditeurs, leurs objections, leurs interrogations et les réponses faites aux unes et aux autres.

Nous avons adopté d'ailleurs, un programme général, qui tout en étant assez large et assez élastique pour n'imposer à aucun socialiste désintéressé des conditions trop onéreuses, est cependant assez précis pour permettre de préjuger d'avance quel sera notre critérium de certitude, quelle sera aussi notre règle de conduite.

En voici la teneur :

1° Partir de ce principe, que les phénomènes sociaux, politiques et moraux, sont, comme tous les autres, soumis à des *lois* naturelles, qu'il ne s'agit pas de créer arbitrairement ou empiriquement, mais de découvrir et de proclamer.

2° Être émancipé des idées théologiques ; par conséquent :

A. N'admettre pour vrai que ce qui est scientifiquement démontrable ;

B. Agir comme on pense, c'est-à-dire prendre – et tenir – l'engagement de ne soumettre aucun acte de sa vie à un ministre d'un culte quelconque.

3° Attribuer au principe républicain sa signification propre et son véritable caractère, qui consiste à faire concourir toutes les forces quelconques à l'œuvre commune ; par conséquent, ne pas séparer le socialisme de la République, entendue dans le sens profond du mot, et signifiant alors abolition de l'arbitraire, de l'oisiveté et du parasitisme.

4° Reconnaître que la richesse – matérielle et intellectuelle – étant sociale dans son origine, doit être également sociale dans sa destination, de telle sorte que chacun soit appelé à jouir effectivement du droit incontestable qu'il a de participer au bien-être matériel et à l'éducation intégrale.

5° Prendre pour but de ses efforts et de ses études une organisation sociale telle qu'il n'y ait plus place en son sein que pour des êtres utiles.

Il n'était peut-être pas inutile, avant de donner au public un échantillon de nos déductions, de lui mettre cette espèce de manifeste sous les yeux, afin qu'il sut bien dans quelles dispositions d'esprit, avec quelle méthode et en vue de quelle œuvre ce modeste cercle d'études sociales du Panthéon, qui compte parmi ses membres des employés, des étudiants, des artistes, des écrivains, mais en majorité des ouvriers manuels, aborde, étudie et résout les questions.

Émile Gautier,
novembre 1879.

Introduction

Tout le monde connaît, au moins de réputation, la théorie exposée par le naturaliste anglais Darwin dans son fameux livre dont le titre seul est une révélation anticipée : *L'Origine des espèces par le moyen de la sélection naturelle ou la préservation des races favorisées dans la lutte pour la vie* (1859).

Rappelons brièvement, et sans entrer dans des détails superflus ou dans des explications justificatives dont nous n'avons pas besoin pour l'établissement de notre thèse, en quoi elle consiste essentiellement.

Tous les êtres vivants, dit Darwin, varient, se transforment, se modifient sans cesse sous l'influence du milieu et des circonstances ambiantes.

D'antre part, les ressources spontanées de la nature ne sont pas assez considérables pour suffire à tous les individus qui naissent et qui demandent à vivre. Il n'y a pas assez de place ni assez de pitance pour cette foule innombrable de nouveaux venus.

Il y a donc *lutte pour l'existence*, combat pour vivre, et les êtres qui triomphent ne survivent qu'aux dépens des autres.

C'est que les modifications que le milieu leur a imprimées étaient des modifications utiles, leur assuraient une supériorité sur leurs rivaux. Les plus forts, les meilleurs, les mieux doués, les plus aptes, en un mot, réussissent à vaincre les difficultés et les périls de la vie, tandis que les plus faibles, les moins aptes, n'ayant pas reçu les mêmes armes ni les mêmes garanties de succès, sont impitoyablement sacrifiés, s'étiolent et disparaissent.

Ce double phénomène de l'élimination des êtres faibles et de la survivance des êtres forts s'opère à la faveur d'une loi naturelle que Darwin appelle *la loi de sélection*.

En d'autres termes, la nature agit spontanément sur les êtres comme les éleveurs ou les horticulteurs agissent sur les animaux domestiques ou sur les plantes afin de développer en eux telles ou telles qualités utiles [1].

Comme, enfin, les qualités des êtres tendent à se transmettre à leurs descendants et à se reproduire chez eux, il arrive que, les forts étant restés seuls, les qualités qui leur ont valu de remporter la victoire dans la concurrence vitale se perpétuent héréditairement et se fixent clans la race, jusqu'à ce que par le jeu des mêmes lois, il surgisse, sous l'empire de circonstances favorables, une race encore supérieure, qui, mieux armée, plus forte, plus apte, *sélige* à son tour les anciens privilégiés. Et ainsi de suite...

Telle est, d'après Darwin, la loi de l'univers.

Tel est le principe de l'évolution qui, d'étape en étape, a dégagé lentement les animaux supérieurs de ces organismes rudimentaires qui végètent (fans les basses régions de la vie.

C'est grâce au concours simultané de ces quatre influences : — la lutte pour la vie [*the struggle for life*] ; — l'altération ininterrompue des types primitifs ; — la transmission héréditaire de ces modifications aux descendants ; — et enfin la sélection naturelle, c'est-à-dire l'expulsion des êtres inférieurs, que s'accomplit et se continue l'indéfectible progrès de la création permanente.

Cette hypothèse, – car ce ne peut être qu'une hypothèse, puisque sa démonstration directe est impossible –, basée sur l'observation et l'analyse scrupuleuse des faits, sur une foule d'expériences, de témoignages intellectuels et matériels, empruntés au passé et au présent, confirmée, en outre, par tous les phénomènes généraux des sciences les plus diverses, de l'embryologie notamment, de la paléontologie, de la morphologie et de la physiologie [2], – cette hypothèse est aujourd'hui généralement admise et il n'y a plus guère à y contredire que les éternels fauteurs de l'obscurantisme et de la foi aveugle.

---

[1] Le mot *sélection* vient du verbe latin *seligere* – *choisir, faire un tri*. Et en effet, la nature fait un tri, un choix, parmi les êtres, puisqu'elle ne conserve que les plus forts et condamne les autres, les échantillons inférieurs de l'espèce, à une mort inévitable.
[2] *Embryologie* : science du développement des êtres organisés, science de l'évolution de l'œuf, de l'embryon, du fœtus.
Paléontologie : science qui traite des êtres préhistoriques ou antédiluviens, dont la dépouille se trouve enfouie au sein des couches terrestres.
Morphologie : science de la forme et de la structure des êtres vivants.
Physiologie : science des phénomènes de la vie chez les animaux.

En revanche, on comprend aisément le parti qu'ont pu en tirer les champions de l'inégalité sociale.

Abandonnant désormais les arguments usés de leurs prédécesseurs, ils substituent aux dogmes *indiscutables* du péché originel et de la chute de l'homme les dogmes *démontrables* de la concurrence vitale et de la sélection naturelle.

Le livre de Darwin va devenir la Bible des nouveaux exploiteurs : ce sera par et au nom de la science que le sacrifice des faibles s'accomplira !

Ce que nous nous proposons, nous, c'est précisément de prouver que cette prétendue souveraineté de droit scientifique n'est pas plus légitime que la souveraineté de droit divin, et que c'est faute d'approfondir le problème ou de l'étudier avec des intentions désintéressées, qu'on en arrive à ces conclusions désespérantes. La Nature devient, dans la bouche et sous la plume des avocats du *statu quo*, une entité nouvelle qui serait aussi haïssable que Dieu si elle n'était aussi fantaisiste et aussi fausse. Quant aux faits objectifs et réels, ce n'est qu'à la condition de les torturer et de dénaturer leur signification ou leur portée qu'on a pu leur faire dire exactement le contraire de leur sens véritable.

Telle est la théorie que nous ambitionnons d'établir, avec la certitude, au surplus, du succès. Nous sommes trop amis de la science et de la méthode expérimentale pour nous inscrire en faux contre Darwin et ses continuateurs. Mais, loin de voir dans leurs enseignements une condamnation des aspirations socialistes vers un meilleur état de choses, nous y trouvons, au contraire, un argument nouveau et des plus puissants en leur faveur.

1° Le développement prodigieux de l'intelligence et de l'activité humaines constituant un facteur nouveau, d'autant plus puissant que la civilisation est plus avancée, les conditions de la loi de Darwin, fatalement modifiable comme toutes les lois naturelles, ont dû nécessairement se transformer dans une mesure proportionnelle.

2° Au lieu de subir passivement les fatalités de la nature, l'homme réagit contre elles et les domine de plus en plus.

3° Déjà des modifications ont été apportées à la loi de Darwin, comme aux autres lois; les fatalités qui nous écrasent sont des fatalités de convention, des fatalités artificielles, des fatalités *sociales.*

4° Ce n'est pas la nature qui distribue les avantages et les désavantages, c'est la société, œuvre humaine et *révisable.*

5° La société est mal faite. Elle manque à sa mission qui est de corriger les fatalités naturelles et de soutenir ceux qui en pâtissent.

6° Le socialisme révolutionnaire demande, non pas qu'on couche la nature sur un lit de Procuste façonné à l'avance suivant les caprices de tel ou tel utopiste, mais qu'on réforme la société. La loi de Darwin, qui est essentiellement modifiable, mais qui n'a pas été modifiée comme elle devait l'être, ne peut être contre ses revendications une suffisante fin de non-recevoir.

Tel est, en quelques lignes, le squelette de notre argumentation.

Le darwinisme social

La théorie de Darwin s'étend-elle à l'homme ?

Règle-t-elle le développement de l'homme en tant que molécule sociale aussi bien que le développement de l'homme en tant qu'être vivant ?

Quelle est son influence sur le progrès des individus et des peuples ?

Telles sont les questions auxquelles il est urgent de répondre.

Ce sont de beaucoup, parmi celles qu'évoque la discussion du transformisme, les plus graves et celles dont l'intérêt est le plus vif et le plus immédiat.

Toute théorie, en effet, qui, se référant aux principes mêmes, aux principes essentiels de la science, constitue une philosophie nouvelle, emprunte surtout sa valeur à l'action qu'elle est appelée à exercer, dans le domaine de la pratique, sur les institutions politiques et sur les arrangements sociaux. Or, selon qu'il sera répondu dans un sens ou dans un autre, les conclusions pourront être sensiblement divergentes : il s'en pourra déduire non seulement deux théories, deux conceptions abstraites du monde et de la société, mais, ce qui nous touche de plus près, deux règles générales de conduite diamétralement opposées.

* * *

N'est-ce pas, en effet, sur la doctrine du transformisme, étendue jusqu'à l'homme inclusivement, que s'appuient les disciples de Malthus et les fauteurs de l'inégalité sociale, qui, – comprenant enfin que les Dieux s'en vont, que le droit divin a fait son temps, et que la foi, désormais épuisée, n'est plus une discipline suffisante, – demandent aujourd'hui à la science la justification de leur prédominance et de leurs prélibations ?

Les prétentions de MM. les ploutocrates et de MM. les économistes sont-elles autre chose, au moins en apparence, que la conclusion logique du darwinisme transportée dans le domaine social ?

* * *

Que dit Malthus?

Citons textuellement ses propres paroles, qui formulent, avec une crudité inimitable, l'arrêt sans appel frappant les faibles :

> « Un homme qui naît dans un monde déjà occupé, si sa famille n'a pas le moyen de le nourrir, ou si la société n'a pas besoin de son travail cet homme, dis-je n'a pas le moindre droit à réclamer une portion quelconque de nourriture : il est réellement de trop sur la terre. Au grand banquet de la nature, il n'y a point de couvert mis pour lui. La nature lui commande de s'en aller, et elle ne tarde pas à mettre elle-même cet ordre à exécution... Lorsque la nature se charge de gouverner et de punir, ce serait une ambition bien méprisable de prétendre lui arracher le sceptre des mains. Que cet homme soit donc livré au châtiment que la nature lui inflige pour le punir de son indigence ! Il faut lui apprendre que les lois de la nature le condamnent, lui et sa famille, aux souffrances, et que, si lui et sa famille sont préservés de mourir de faim, ils ne le doivent qu'à quelque bienfaiteur compatissant, *qui, en les secourant, désobéit aux lois de la nature... La justice et l'honneur nous imposent le devoir de désavouer formellement le prétendu droit des pauvres à être assistés.* » (*Essai sur la Population*).

Rien de plus net, rien de plus catégorique.

On peut protester, on peut déplorer cette fatalité tragique; on peut critiquer les formules, discuter les chiffres, repousser les palliatifs proposés ou en proposer d'autres, la conclusion n'en restera pas moins à peu près identique, avec son caractère de nécessité inéluctable.

La grande loi de sélection, reconnue par Darwin, ordonne aux faibles, aux pauvres, aux souffrants, aux déshérités, de s'en aller : ils sont réellement de trop sur la terre. N'ont le droit de vivre et de s'asseoir au banquet social que ceux qui triomphent dans la lutte pour l'existence.

Ainsi s'accomplira le progrès de l'humanité, réduite naturellement aux « meilleurs », aux plus beaux échantillons de l'espèce.

Ainsi se fera, par la suppression des pauvres, l'extinction Malthusienne du paupérisme...

Tels sont les ordres impérieux de la nature; telles sont les lois essentielles et indispensables des sociétés humaines...

De tout temps il y a eu, de tout temps il y aura des pauvres et des riches, des faibles et des puissants, des exclus et des favorisés : sans cette inégalité, la société ne saurait subsister...

* * *

Après Malthus c'est M. Haëckel, l'illustre professeur de l'Université d'Iéna, qui fait entendre sa voix autorisée.

> « Il n'est point, dit-il, de doctrine scientifique qui proclame plus hautement que la théorie de la descendance, que l'égalité des individus est une impossibilité ; qu'elle est, cette égalité chimérique, en contradiction absolue avec l'inégalité, nécessaire et existant partout, en fait, des individus... La réalisation des vœux du socialisme, qui demande pour tous les citoyens des droits égaux, des devoirs égaux, des biens égaux, des jouissances égales, est, purement et simplement impossible. La théorie de Darwin établit, au contraire, que, dans les sociétés humaines comme dans les sociétés animales, ni les droits, ni les devoirs, ni les biens, ni les jouissances des membres associés ne sont et ne pourront être égaux... Les conditions de l'existence sont, dès leur entrée dans la vie, inégales pour les individus : comment notre tâche et les résultats qui en découlent pourraient-ils être partout égaux ?... Tout homme politique intelligent et éclairé devrait, ce me semble, préconiser le darwinisme comme le meilleur contre-poison contre les absurdes théories égalitaires des socialistes... Le darwinisme est tout plutôt que socialiste... Si l'on veut lui attribuer une tendance politique, cette tendance ne saurait être qu'aristocratique. La théorie de la sélection n'enseigne-t-elle pas que, dans la vie de l'humanité, comme dans celle des plantes et des animaux, partout et toujours, une faible minorité privilégiée parvient seule à vivre et à se développer : l'immense majorité, au contraire, pâtit et succombe plus ou moins prématurément... La cruelle lutte pour l'existence sévit partout... Seul, le petit nombre élu des plus forts ou des plus aptes est en état de soutenir victorieusement cette concurrence : la grande majorité des concurrents malheureux doit nécessairement périr... La sélection des

élus est liée à la défaite ou à la perte du grand nombre des êtres qui ont survécu... »

En d'autres termes, *la défaite est toujours méritée,* parce qu'elle est l'indice d'une défectuosité, d'une infirmité.

S'il y a des exploités, c'est qu'ils sont exploitables, c'est qu'ils valent moins que leurs exploiteurs ; c'est qu'ils ont moins de capacité, d'énergie, de ressort.

Tant pis pour les écrasés ! C'étaient des éléments inutiles, nuisibles peut-être, à l'avancement de l'espèce, au progrès collectif. Marqués par la nature au sceau d'une impuissance et d'une stérilité irrémédiables, ils devaient être rangés dans la catégorie des bouches inutiles.

Tout donc est pour le mieux dans la meilleure des sociétés !

* * *

De ces théories, au ton cruel mais scientifique, à réduire par la faim et par l'abrutissement d'un travail sans merci les revendications gênantes du prolétariat, voire même à pratiquer, de temps en temps, dans ses rangs et pour le plus grand bien de la collectivité, des saignées hygiéniques et salutaires [3], il n'y a qu'un pas, aisément franchi.

N'est-ce pas la science qui a parlé, dans son impartialité sereine ?

Il n'y a plus, pour les malheureux sans nombre qu'a frappés son verdict, qu'à s'incliner, à se taire, et... à mourir !

Mais, est-il donc nécessaire d'accepter ces conclusions désespérantes dans leur intégralité ?

Est-il donc vrai que la misère soit fatale, et que le bonheur du petit nombre des élus doive ainsi, de par des lois impératives, être fait des souffrances et de l'agonie plus ou moins lente de la majorité déshéritée ?

---

[3] L'économiste allemand Weinhold, disciple de Malthus, n'a-t-il pas sérieusement proposé la *castration d'un certain nombre d'enfants du peuple ?* « Ses confrères, dit B. Malon (*Histoire critique de l'Économie politique*) en rirent, mais ne s'en indignèrent pas... » Un autre disciple de Malthus, le docteur G., cité par Proudhon dans ses *Contradictions économiques,* a conseillé l'*avortement* ; un troisième, Marcus, est allé jusqu'à l'*infanticide...*
Pourquoi, dès lors, reculerait-on devant l'organisation de l'assassinat en masse ?
Nous laissons à l'histoire – à celle d'hier, comme à celle du passé – le soin de répondre

Est-il donc vrai, comme l'enseignent des savants de premier ordre, un peu trop intéressés peut-être dans la solution du problème pour être au-dessus du soupçon de partialité, que toutes nos protestations révolutionnaires, que toutes nos doléances socialistes, soient autant d'attentats de lèse-nature ?

* * *

A priori, cette éventualité nous répugne ; elle froisse nos sentiments et nos convictions les plus intimes.

Mais, comme le sentimentalisme n'a rien à faire avec la science, cette répulsion prématurée ne doit en aucune façon décider de la solution du problème. Nous aurions beau, au surplus, protester, récriminer, nous insurger même contre cette fatalité lamentable, si, en réalité, la loi existe, inhérente aux faits cosmiques et aux choses humaines, rien ne saurait l'empêcher de produire ses effets désastreux. Que nous l'acceptions ou non, elle n'en courbera pas moins, bon gré mal gré, les fronts les plus altiers comme les échines les plus humbles, sous son joug de fer, que des résistances aussi stériles qu'inopportunes n'auront fait que rendre plus lourd et plus accablant !

Il nous faut donc, prenant notre cœur à deux mains, étouffant nos scrupules, nos douleurs et nos colères, aborder cette question poignante avec calme, sans parti-pris, sans passion, sans terreur, et ne demander qu'aux faits une réponse définitive.

* * *

Or, il faut bien le dire, pour qui ne va pas au fond des choses, la froide raison et l'inexorable logique semblent, tout à l'opposé du sentiment, donner raison aux apologistes du privilège et de l'inégalité.

N'est-il pas, en effet, d'ores et déjà démontré que l'homme ne doit pas être relégué dans une catégorie supérieure, dans un « règne » à part, absolument distinct du reste des êtres vivants ? que sa place, au contraire, est marquée, à titre de partie intégrante, dans l'échelle zoologique!, dont il est simplement un terme comme les autres, le premier terme sans doute, le plus élevé, le plus parfait de tous, l'épanouissement suprême, en un mot, mais non pas hors de pair ? que l'homme, enfin, ne faisant point exception dans la nature organique, doit être considéré comme le plus haut spécimen du type vertébré, ni plus ni moins ?

N'est-on pas, dès lors, autorisé à en conclure – tout naturellement – qu'une loi qui, comme la loi de Darwin, régit l'ensemble du monde organique, doit aussi s'appliquer à l'homme et à la société ?

Ajoutons qu'il est impossible d'expliquer rationnellement l'apparition de l'homme sur la terre et le développement graduel, qui l'a lentement amené, à travers les âges, de la barbarie préhistorique à la civilisation contemporaine, à moins de supposer que, lui aussi, relève des lois du transformisme.

N'est-ce pas grâce au concours des quatre influences signalées par Darwin : – l'altération du type sous la pression des circonstances extérieures, la lutte pour l'existence, la sélection naturelle des faibles, des moins aptes, l'hérédité enfin, – que, sur cette espèce ancestrale d'où devait également émerger le singe, notre cousin-germain, s'est greffée et a fait souche une variété particulièrement favorisée, qui, par une évolution processive, – dont les stades les plus importants ont été l'habitude pleinement acquise de marcher debout, la différenciation des extrémités antérieures, devenues de véritables mains, l'apparition du langage articulé, la découverte des métaux, etc. – a fini par constituer l'humanité ?

A moins d'admettre le miracle comme couronnement d'une théorie qui a pour principe et pour but l'élimination du supranaturalisme, – ce qui équivaudrait à renier la science et à rétrograder jusqu'aux ténèbres de la plus grossière superstition – force nous est bien de reconnaître que l'homme, en tant qu'être vivant, en tant que terme quelconque de la série animale, ne doit pas échapper à la concurrence vitale ni à la sélection naturelle.

Si la théorie de Darwin est vraie pour ses congénères inférieurs, elle doit être également vraie pour lui, et, en fait, nombre des exemples nécessaires à l'exposition et à la démonstration de cette théorie sont empruntés à l'humanité.

* * *

Rien d'étonnant, dès lors, à ce que des gens qui, comme M. Haëckel, se sont intentionnellement confinés dans les « hauteurs éthérées de la science pure », et n'ont pour la pratique de tous les jours qu'une politesse dédaigneuse, ne connaissant et ne voulant connaître de l'homme que le côté physiologique, aient, par voie d'analogie, transporté le système entier tin Darwinisme sur le terrain politico-social.

Le professeur de l'Université d'Iéna avait, d'ailleurs, à se faire pardonner les audaces inconscientes de son *Histoire de la Création*, et à reconquérir les bonnes grâces de l'homme qui est aujourd'hui la plus significative et la plus puissante personnification de la Force, de l'Attila moderne, qui, au lieu de se dire, comme son modèle, « le Fléau de Dieu », se pourrait qualifier volontiers « le Fléau de la Fatalité scientifique », – du comte Otto de Bismarck, chancelier de l'Empire d'Allemagne. C'est pour sa situation, pour ses intérêts propres et pour ceux de sa classe – *pro domo suâ* – que M. Haëckel, rapetissant, sous l'œil du maître, son immense savoir aux bornes étroites d'un naturalisme intolérant et jaloux, a rompu des lances contre M. Virchow, pour la plus grande gloire du darwinisme social, sans plus chercher que son rival à approfondir des questions dans lesquelles – il l'avoue lui-même avec une naïveté assez outrecuidante – il n'avait pas la moindre compétence [4].

De même, MM. les économistes, avocats estampillés du *statu quo*, qui – eux – ne peuvent invoquer comme excuse leur manque de préparation à des problèmes qu'ils font profession d'étudier et de résoudre, sont au moins suspects de partialité, quand, non contents d'affirmer la fatalité de ce mal de misère dont les victimes ne se comptent plus, ils s'évertuent à lui donner, au nom de la nature ou de la science, on ne sait quelle bénédiction irréformable.

* * *

Quelles que soient donc, à première vue, les spécieuses raisons qui semblent confirmer leur sinistre verdict, les motifs de récusation sont cependant trop nombreux et trop graves pour que nous ne poussions pas plus loin nos investigations.

Rien ne doit être admis qui ne soit scientifiquement démontrable, tel est le mot d'ordre de ce scepticisme fécond et tutélaire qui a remplacé la foi aveugle des anciens âges. La simple parole de savants et de praticiens distingués, – ces savants et ces praticiens n'eussent-ils même pas reconnu eux-mêmes leur incompétence, ne fussent-ils même pas convaincus d'être à la fois juges et parties dans la cause, – ne suffit plus pour nous convaincre. Nous avons le droit – et le devoir – de discuter les arguments qu'on nous jette à la face, de percer à jour les nouveaux dogmes, et, s'il y a lieu, d'en répudier les enseignements et les conclusions.

---

[4] *Les preuves du transformisme, Réponse à Virchow*, p. 114.

C'est précisément ce que nous nous proposons de faire à propos de ce cas particulier : et, n'en déplaise à M. Haëckel, à ses émules et à ses disciples, nous sommes de l'avis de Virchow.

Loin d'être la plus énergique condamnation du socialisme révolutionnaire, la théorie de Darwin, sainement comprise et rigoureusement observée, peut, au contraire, si elle est poussée jusqu'à ses dernières conséquences, lui prêter un concours précieux et inattendu.

* * *

Loin de nous la pensée de venir, ici, pour les besoins d'une cause incidente, brûler ce que nous adorons, ailleurs. Préoccupés exclusivement de la recherche et de la proclamation de la vérité, nous ne nous embarrassons guère de l'usage que pourront faire les divers partis des faits que nous aurons constatés.

Aussi, n'éprouvons nous aucune difficulté à reconnaître une fois de plus que l'homme est tout bonnement un animal, ne différant des autres animaux que *quantitativement* et non pas *qualitativement* [5] ; que comme tel, il est soumis à la loi formulée par Darwin, et si judicieusement élucidée par M. Haëckel lui-même.

Il est hors de conteste pour nous comme pour nos contradicteurs, que c'est à l'hérédité et à une adaptation de plus en plus complète que l'homme doit tout ce bagage d'idées, de connaissances, de notions conscientes, de sensations et de volitions qui constituent la civilisation moderne.

Seulement, où nous nous séparons d'eux, c'est quand il s'agit de dégager de ces prémisses communes des conclusions pratiques.

---

[5] On dit que deux choses ou deux êtres diffèrent seulement *en quantité* ou *quantitativement*, quand ces deux choses ou ces deux êtres ayant les mêmes manières d'être, et toutes leurs propriétés communes, ne les ont pas cependant au même degré, avec la même intensité ni la même puissance, – plus exactement, ne les ont pas *en même quantité*. – On dit que deux choses ou deux êtres diffèrent *en qualité* ou *qualitativement*, quand leurs caractères distinctifs ne sont pas les mêmes, quand l'une des deux choses ou l'un des deux êtres possède des propriétés qui font défaut à l'autre chose ou à l'autre être. Ainsi, au point de vue des moyens de locomotion, le chien et le pigeon diffèrent *qualitativement*, parce que le pigeon a dés ailes et que le chien n'en a pas ; mais le pigeon ne diffère *que quantitativement* du pingouin ou de l'autruche, oiseaux qui, comme lui, sont pourvus d'ailes, mais d'ailes rudimentaires : il y a, dans ce dernier cas, différence du plus au moins, dans le premier, différence du oui au non.

Nous ne nous cantonnons pas, en effet, comme ils affectent de le faire, dans l'étude exclusive de la morphologie humaine et du développement purement physiologique de notre espèce.

Nous considérons que si l'homme est un animal, c'est un animal spécial, intelligent, sociable, *relativement* libre, dont toutes les facultés, en un mot, ont atteint un degré d'intensité supérieur, et il se trouve que les résultats à nous suggérés par ce nouveau point de vue, plus compréhensif et plus large, sont diamétralement opposés à ceux que nous avons exposés jusqu'ici.

* * *

Que ce soit au jeu normal de la loi de Darwin, et notamment à la sélection naturelle, que l'homme doive ses prérogatives – sa conscience et sa sensibilité raffinées, par exemple, des instruments de connaissance plus expéditifs et plus parfaits, son intelligence souple, pénétrante et indéfiniment perfectible, la vigueur enfin de son activité, – nous n'y contredisons point.

Mais, d'où que lui vienne cette supériorité, le fait est qu'elle existe, qu'elle se manifeste, et doit engendrer des conséquences spéciales. Ces conséquences spéciales consistent précisément, non pas à abroger ni à suspendre les lois du transformisme, mais *à en modifier les effets*.

Il n'y a pas exception aux lois ; il y a simplement substitution de lois nouvelles à des lois épuisées.

L'introduction de cet élément nouveau – la volonté consciente et industrieuse de l'homme – réagit contre les influences naturelles, qui s'exerçaient auparavant librement, sans contrepoids, sans obstacles, dans la plénitude de leur puissance, – leur donne un autre caractère et leur imprime une autre direction...

L'homme, en d'autres termes, ne subit plus passivement, comme autrefois, les fatalités extérieures; il ne se laisse plus aller docilement au courant.

A la faveur, en effet, de ces fatalités elles-mêmes qui gouvernent la vie, il a acquis un certain ennoblissement; il s'est élevé au-dessus des basses régions de l'animalité, où il a pris naissance; son individualité s'est accusée, émancipée. Désormais, il possède une force personnelle qui tend spontanément à se manifester, et à contrebalancer les forces aveugles qui jadis la dominaient et qui dominent encore les espèces moins favorisées.

Le problème s'est compliqué d'un terme additionnel, dont la présence, en en changeant la position, devra fatalement faire aussi varier la solution. L'altération du type, la sélection naturelle, la concurrence vitale, l'hérédité, n'agissent plus toutes seules ni sans rencontrer de résistances : ces lois fatales ont trouvé *à qui parler*. Elles ont elles-mêmes fourni à l'homme des armes défensives et offensives : il s'en sert pour regimber et pour endiguer leur action éternelle. Donc, à *priori*, leurs résultats ne peuvent plus déjà être supposés identiques à ce qu'ils étaient quand l'homme, non encore dégagé des langes de son obscure origine, n'était pas en état de leur tenir tête.

Insistons, au surplus, sur ce point, qui doit nous donner la clef du débat.

***

Peu à peu, par une lente et graduelle évolution, l'intelligence humaine a acquis une acuité dont les animaux inférieurs, n'avaient auparavant jamais donné d'exemples, et, bientôt, avec l'éveil de l'intelligence, entre en jeu une activité féconde, qui travaille à affranchir l'homme du joug de la nature [6]. D'esclave qu'il était, il brigue de devenir maître ; il s'évertue à réaliser ce vœu, et, en fait, il réussit souvent, puisque les bornes de ses conquêtes reculent tous les jours.

> « Toutes les fois qu'il y a rencontre entre l'esprit libre et la fatalité naturelle, la dignité du moi est froissée et amoindrie; elle rencontre là quelque « chose qui ne la respecte pas, qui ne lui rend pas justice pour justice et ne lui laisse que le choix entre la domination et la servitude. Le moi et le non-moi ne se font pas équilibre. Là est le principe qui fait de l'homme le régisseur de la nature, sinon son esclave et sa victime. » [7]

L'élévation, la perfection relative que la nature a attribuées à l'homme, donnent à celui-ci non-seulement le désir et le droit, mais même *les moyens* de conquérir la souveraineté de l'univers, de façonner ce domaine, d'y tout diriger autant que possible suivant ses besoins et son but.

Évidemment, il en use ; *il réagit contre le milieu, et impose au monde des conditions nouvelles*.

---

[6] Schaaffausen, *La Doctrine de Darwin et l'anthropologie*.
[7] Proudhon, *De la Justice*, I, p. 296.

La nature, naguère presque absolument despotique, puisque ses enfants étaient incapables de tenter une révolte, voire même d'y songer ou d'en ressentir le besoin, la nature obéit à son tour. Au lieu d'être emporté machinalement, pour ainsi dire, par le tourbillon des relations naturelles, l'homme parvient peu à peu à s'en affranchir, à en rendre indépendants son présent et son avenir.

Au lieu d'être désarmé contre les fatalités qui l'ont appelé à la vie, il retourne contre elles les armes dont elles l'ont progressivement pourvu ; il les maîtrise, il remplace leurs ressorts par ses propres déterminations, libres et conscientes.

Il est vrai de dire que l'homme a tellement dompté les forces naturelles et les a si bien réduites à le servir, que les rapports primitifs avec le monde organisé semblent maintenant exactement renversés et retournés tout à l'avantage de l'homme.

Même ces influences naturelles qui, dans l'état de nature, agissent si énergiquement sur notre espèce, telles que le climat, la constitution du sol, la distribution des eaux, de la lumière et de la terre, etc., tout cela est devenu dans une large mesure, tributaire de l'homme civilisé.

Disons-en autant de sa domination sur ses parents du monde organisé, c'est-à-dire sur les animaux et sur les plantes [8].

Est-ce que, par exemple, la foudre, qui a dû être pour l'homme primitif, comme elle l'est encore pour les animaux, l'un des ennemis les plus redoutables, n'a pas été si complètement domestiquée par lui que, non seulement il peut diriger et neutraliser ses coups, mais encore qu'elle porte ses messages et fait ses commissions ?

De même de tous les agents naturels, *de même*, par conséquent, *de la concurrence vitale et de la sélection*. A leur aveugle pouvoir, l'activité humaine, introduisant à sa suite dans le monde un ordre nouveau, substitue des décisions raisonnées.

Elle réagit contre la loi de Darwin, comme elle réagit contre les lois qui président aux phénomènes électriques.

D'où il résulte qu'on n'est plus recevable à prétendre que l'homme, dans son état actuel, lui soit encore soumis sans condition.

* * *

---

[8] Büchner, *L'Homme selon la Science*.

Les docteurs à la façon de Malthus et de M. Haëckel disent :

> « La dure nécessité de l'élimination des faibles, des moins aptes, des moins capables, sacrifiés au progrès de l'espèce, est une loi fatale, inéluctable, qui s'impose quand même, brutalement, sans pitié, sans respect, sans scrupule ; elle est inhérente aux conditions mêmes de la vie, aux mystérieux desseins de la nature. Il est peut-être permis de s'en plaindre, mais non point de s'y soustraire. Elle est ce qu'elle est : tant pis pour ceux qui en pâtissent ! Ceux qui en bénéficient n'en sont point responsables. C'est l'inflexible nature, notre maîtresse à tous, qui en a disposé ainsi de toute éternité. *Dura lex, sed lex !* »

C'est une loi naturelle, une loi fatale : soit !

Dans la lutte pour la vie, les faibles sont condamnés par la sélection à succomber : soit encore !

Mais, qu'est-ce qu'une loi ?

C'est un rapport nécessaire, découlant de la nature des choses, c'est la manière d'être essentielle à leurs arrangements, et en dehors de laquelle leur existence formelle ne se concevrait plus.

Donc, le mécanisme d'une loi naturelle (de la loi de Darwin dans l'espèce), dépend absolument de certaines conditions déterminantes, de telle sorte que les phénomènes qui en sont la conséquence ne sauraient se produire qu'en présence de telles ou telles combinaisons particulières *et seulement de celles là*. Si les conditions sont modifiées dans une mesure quelconque, si le moindre des facteurs efficients vient à disparaître, ou à se transformer, voire même à varier seulement, pour une cause ou pour une autre, d'intensité, d'amplitude, ou même quelquefois de place, *si un élément nouveau survient et réagit, les résultats ne seront plus les mêmes*. Non pas que le nouveau phénomène n'ait pas aussi sa loi, mais c'est une loi distincte : la modification de la cause a entraîné une modification adéquate de l'effet.

Nous savons, par exemple, que la loi de solidification de l'eau fixe à zéro (0°) le point de congélation de ce liquide. Cependant, il y a des cas où l'eau ne se congèle qu'à plusieurs degrés au-dessous de 0°… Ainsi l'eau de mer ne se congèle qu'à -2,5°, soit à 2 degrés et demi au-dessous de zéro…

Y a-t-il là une exception ? Pas le moins du monde.

La nature des choses a changé et ses rapports ont varié dans la même proportion. Les conditions s'étant transformées, une loi nouvelle, réglant ces nouveaux rapports, a surgi.

L'eau qui se congèle à 0°, *c'est l'eau pure* : que l'eau soit chargée de sels ou d'autres matières étrangères comme l'est l'eau de mer, elle n'est plus l'eau pure, il est intervenu un élément nouveau, et, par conséquent, échappant à fa loi de congélation de l'eau pure, elle se comporte d'une autre façon.

Tel est aussi le cas de la loi de Darwin.

L'avènement de l'homme à une conscience et à une activité supérieures a modifié les conditions de son exercice : *son mécanisme compte un facteur de plus*, qui, pour avoir été engendré par les facteurs naturels qui agissaient seuls à l'origine, n'en joue pas moins un rôle considérable, et n'en influe pas moins sur l'ensemble du système.

Dès lors, les conséquences de la sélection naturelle et de la concurrence vitale doivent être et sont certainement modifiées dans une mesure proportionnelle, et elles ne se reproduiraient que si l'influence perturbatrice, c'est-à-dire l'activité intelligente et volontaire de l'homme, comparable au sel dont la présence dans l'eau de mer modifie la loi ordinaire de congélation, venait à disparaître.

Avec l'homme intelligent, actif, raisonneur, industrieux, civilisé, ce n'est plus la loi de Darwin qui s'applique, ce sont d'autres lois, grosses de conséquences différentes.

* * *

Ceci posé et compris, le raisonnement des fatalistes aristocrates tombe tout seul. Il ne tient debout, en effet, qu'à la condition de méconnaître ce fait indéniable : *la modificabilité des phénomènes*.

L'homme est susceptible d'agir à son tour sur la nature qui, dans des âges lointains, l'a façonné comme une pâte molle ; et son action n'est pas impuissante.

Malthus et les économistes, qui ne se font point scrupule de proposer des adoucissements ou des remèdes plus ou moins moraux aux misères sociales, et M. Haëckel lui-même, qui ne croit pas apparemment à la stérilité de ses études et de ses découvertes, ne poussent pas, à ce qu'il semble, le scepticisme et l'inconséquence jusqu'à enseigner que l'intervention de l'homme ne saurait exercer aucune action sur les phénomènes naturels ni sur les lois dont ils relèvent.

Pourquoi donc faire une exception pour la loi de Darwin ?

Pourquoi distinguer cette loi des lois mécaniques, physiques, chimiques, etc., dont les effets sont incontestablement modifiables à peu près à notre gré ?

Pourquoi refuser aux phénomènes sociaux une variabilité qu'on est bien forcé de reconnaître aux autres ?

Les lois qui dirigent les phénomènes sociaux que l'humanité subit dans son existence n'entravent pas plus sa liberté que la loi de la résistance ou de la chaleur n'entrave la liberté du mécanicien, dit fort justement M. Pierre Laffite [9].

Qui ne sait que la mécanique n'a pris son essor vraiment gigantesque que le jour où les lois découvertes sont devenues précisément les agents les plus considérables de son développement ?

Qui ne sait que la puissance curative de la médecine s'accroît avec l'extension de nos connaissances physiologiques ?

De même des lois sociales qu'il n'est pas question de nier ni de repousser, mais d'admettre, au contraire, et de faire tourner à notre usage ne pouvant les négliger !

Faut-il donc, quand on est malade, écarter les médecins de son chevet, sous le fallacieux prétexte que la maladie est une fatalité naturelle dérivant d'une loi nécessaire ?

N'a-t-on pas observé, au contraire que, sauf peut-être les phénomènes astronomiques, qui sont produits par des forces en trop grande disproportion avec les faibles moyens dont nous disposons, tous les phénomènes naturels deviennent d'autant plus facilement et plus profondément modifiables que leurs lois naturelles ont été mieux connues ?

D'où cette conclusion, que, plus nous serons convaincus de l'exactitude de la loi de Darwin, mieux ses conditions auront été mises en lumière par des chercheurs comme MM. Virchow et Haëckel, plus nous devrons tendre à nous en affranchir, et plus aussi

---

[9] *Les Grands types de l'humanité*, I, page 9.

cette entreprise deviendra aisée. Mieux, par conséquent, le socialisme révolutionnaire, qui ne se propose pas d'autre but, s'en accommodera.

Bon gré mal gré, M. Haëckel est, de fait, l'un de nos plus puissants alliés : c'est pour cela, ne lui en déplaise, qu'il pourra lui être beaucoup pardonné.

* * *

Ce n'est point là, au surplus, une hypothèse gratuite, une théorie purement abstraite. Elle s'appuie sur des faits observés et vérifiables, qui ne peuvent laisser place au doute un seul instant. Nous pouvons cesser de raisonner par analogie et d'emprunter nos exemples à des questions étrangères : sur le terrain même où le débat est posé, les arguments ne nous feront pas défaut.

Nous constatons, en effet, que plus l'humanité avance, plus elle s'affranchit des fatalités naturelles. La réaction contre la nature est proportionnelle au progrès, dont elle est en même temps l'indice le plus significatif.

N'est-ce pas qu'à mesure que l'intelligence et la volonté humaines se développent davantage et prennent une plus grande intensité, leur rôle s'agrandit, leur action s'étend et se fortifie, en même temps que les influences extérieures, rencontrant des résistances plus nombreuses, plus vives et plus durables, sont peu à peu neutralisées ?

N'est-ce pas que la modificabilité des phénomènes et des lois est en raison directe du perfectionnement de l'humanité ?

Étant données les conditions excessivement rudimentaires de son existence, l'homme primitif était hors d'état de contrebalancer les forces naturelles par son jugement et son initiative. Comme les animaux inférieurs, il les subissait humblement, sans conscience et sans révolte.

Alors la concurrence vitale sévissait cruellement et la sélection faisait rage. La loi de Darwin, s'exerçant sans contrepoids, déployait toutes ses rigueurs; force était bien aux incapables de céder aux plus aptes la pitance et la place au soleil.

C'est en ce sens qu'on est fondé à dire que cette loi implacable a été productrice de progrès.

L'émulation salutaire, résultant du malheur même de sa situation et de l'insuffisance de ses moyens de défense, a été le plus puissant stimulant de l'activité de l'homme.

Il s'agissait pour lui d'une question de vie ou de mort. *To be or no to be* : être ou ne pas être !...

C'est sous l'énergique pression des circonstances que l'homme s'est créé une industrie indéfiniment perfectible et indéfiniment perfectionnée, qu'il a fait alliance avec ses semblables contre les difficultés et les dangers communs, qu'il s'est organisé en sociétés, qu'il a fondé enfin toute cette civilisation, pour laquelle tant de générations ont péri à la tâche.

Le docteur Buchner dit :

> « Ajoutons que ce qui profita surtout à l'homme dans le combat pour l'existence, ce fut que chez lui les connaissances ou l'expérience acquises ne périssaient pas avec chaque individu, mais se transmettaient par l'éducation, la tradition, et que, par suite, chaque génération nouvelle pouvait, dans sa lutte pour vivre, développer une plus grande force de résistance que la génération précédente. »

* * *

Ainsi donc, la sélection naturelle et la concurrence vitale, après avoir été productrices de progrès, sont devenues plus tard, une fois ce progrès parvenu à un certain degré, autant d'obstacles à sa marche ultérieure en avant.

A l'aurore de l'humanité, quand l'homme était encore très-voisin de l'animal, c'était grâce à leur action, grâce à la suppression des faibles et à la survivance des « meilleurs », des plus aptes, que la race s'améliorait. Mais, dès que la race, ainsi délivrée de sa passivité initiale, a eu conquis assez de ressort pour agir à son tour, pour raisonner et pour exercer sciemment et librement son action propre, le progrès devait consister, au contraire, à s'en affranchir déplus en plus.

Il en est de même, d'ailleurs, de toutes les influences déterminantes de la nature, quelles qu'elles soient.

Les intempéries du climat, les difficultés de l'alimentation, les rivalités – souvent redoutables – des animaux contemporains, toutes les exigences, en un mot, de la vie ambiante, – qui, aux débuts, ont dû pousser si énergiquement l'homme à utiliser et à développer sans cesse ses facultés corporelles et intellectuelles, – qui étaient alors, par conséquent, les auxiliaires du progrès, sont aujourd'hui les ennemis contre lesquels convergent tous les efforts de la civilisation. Et, plus cette civilisation est avancée, plus nombreuses et plus approfondies sont nos connaissances, plus notre outillage est perfectionné, – plus aussi se rétrécit le domaine de ces fatalités, plus leur action diminue.

Voyez par exemple, combien l'Européen policé est à même de lutter contre des conditions défavorables d'existence avec autrement de succès souvent que les peuples indigènes eux-mêmes, résidant cependant depuis longtemps dans le pays, et qui devraient être mieux adaptés au climat et aux localités !

C'est que son intelligence, mieux développée, et son activité, mieux armée, réagissent plus fortement !

* * *

Il n'est pas concevable que la loi de Darwin s'applique *exactement* à l'homme, lorsque son cerveau, son esprit et ses qualités sociales ont atteint un certain degré de développement, par cette excellente raison qu'un facteur nouveau étant introduit dans le problème, le résultat final doit être fatalement modifié. Et ce résultat – répétons-le une fois de plus – subira une modification d'autant plus considérable que l'action de ce nouveau facteur sera plus puissante.

Encore de nos jours, si nous ne voulons pas nous égarer dans les ténèbres insondables des âges préhistoriques, ne constatons-nous pas que c'est chez les sauvages que la concurrence vitale s'exerce de la façon la plus intense et la plus dure ? Là, on ne se contente pas d'abandonner les faibles à la merci de la nature, cette marâtre cruelle, dont on n'a pas encore su maîtriser les capricieuses préférences : on les supprime ou on les mange !

M. Haëckel osera-t-il soutenir que la chasse à l'homme, l'anthropophagie ou l'esclavage sont des instruments de progrès ? que les malheureux qu'on attache au poteau de supplice ou qu'on met à la broche ont mérité leur sort ? que leur destinée régulière, leur mission providentielle est de servir de pâture aux forts ? qu'il y a là une fatalité naturelle contre laquelle les protestations sont inutiles ?

Son idéal serait-il de nous ramener à cet état de nature, chanté par Rousseau, dans lequel les « fatalités » se manifestent sans entraves, dans leur plénitude meurtrière ?

Nous ne le croyons pas.

Mais, cette supposition fût-elle fondée, notre contradicteur nous permettrait bien de n'être pas de son avis.

Si la lutte pour l'existence se déchaîné chez les sauvages avec une brutalité si terrible, c'est précisément parce que ce sont des sauvages, et la supériorité de notre civilisation tient à ce que nous avons su secouer peu à peu ce joug qui les écrase. Il est évident que, parmi ces populations retardataires, les individus qui succombent, ceux qui sont réduits en servitude ou transformés en comestibles, ce sont les plus faibles, les moins capables... Ainsi le veut la loi de Darwin, ainsi le veut la sélection naturelle, quand rien ne lui fait contrepoids.

Mais ce n'est pas une raison pour en conclure que cela est bien, ni qu'il faut y voir une nécessité irrémédiable.

Il est possible, au contraire, d'y remédier ; ce sont des phénomènes qui, pour relever de lois naturelles, n'en sont pas moins susceptibles de modification.

La meilleure preuve, c'est que des modifications ont été faites, et des remèdes appliqués, qui ont produit leurs effets. Les hommes civilisés ne se mangent plus entre eux ; l'esclavage antique a été aboli. Si les plus forts, les plus aptes, ou du moins ceux qui passent pour tels et se comportent en conséquence, n'hésitent pas plus qu'autrefois à verser à flots le sang des vaincus et à faire commerce de leurs sueurs, au moins ne boivent-ils plus ni l'un ni l'autre. La barbarie des moeurs primitives perd tous les jours du terrain, en même temps que la sélection naturelle et la concurrence vitale changent de sens et d'orientation.

Pourquoi l'hypocrite exploitation du Travail par le Capital ne disparaîtrait-elle pas comme l'anthropophagie ?

Pourquoi le salariat, « cette dernière transformation de la servitude » (Chateaubriand), serait-il plus respectable et plus vivace que les institutions analogues qui lui ont donné le jour ?

Pourquoi les fatalités nouvelles seraient-elles moins modifiables que leurs devancières ?

Pourquoi ce qui a été produit par un certain progrès de la civilisation ne serait-il pas transformé, effacé même, par un progrès plus considérable?

Les faits de tous genres que nous observons tous ses jours autour de nous ne nous enseignent-ils pas que la marche du progrès est de plus en plus accélérée et que sa vitesse et son intensité sont d'autant plus grandes qu'il est plus avancé, et que les éléments qui y coopèrent sont plus nombreux, plus complexes et plus puissants ? [10]

* * *

Dès lors, nous ne voyons pas pourquoi, grâce au développement incessant des aptitudes et des facultés de l'homme, grâce à l'indéfinie perfectibilité de son cerveau et de son cœur, il n'arriverait pas un jour où, suivant les expressions de Sir Alfred Wallace, l'un des collaborateurs de Darwin, « il n'y aurait plus que des plantes et des animaux cultivés, c'est-à-dire tolérés ou élevés par l'homme, où la sélection humaine aurait remplacé la sélection de la nature », – où, d'autre part, la guerre, qui gaspille stérilement des forces productives, ferait place à la solidarité universelle, où, enfin, les inégalités naturelles, rectifiées et compensées par des institutions tutélaires, s'absorberaient, au bénéfice du genre humain, dans l'irrésistible torrent d'une civilisation commune à tous...

* * *

De ce fait, que la loi de Darwin, comme toutes les autres lois naturelles, est non-seulement modifiable, mais que, en réalité,' elle a été modifiée, il ressort une considération nouvelle, qui nous servira de transition pour envisager la question à un autre point de vue.

Il est désormais hors de doute que cette loi ne régit plus exclusivement l'humanité et qu'un peuple lui est d'autant moins soumis qu'il est plus civilisé.

Par conséquent, on est mal venu à lui demander la consécration d'abus qui ont cessé de lui être imputables : ils ne tiennent pas, ces abus, – pour la plupart, du moins, – à des fatalités naturelles; ils tiennent, au contraire, aux institutions qui ont été créées pour réagir contre ces fatalités, – institutions humaines, factices, partant révisables, et dont ceux qui en souffrent ont bien le droit d'exiger la révision.

En d'autres termes, si le darwinisme présidait seul à nos destinées, nous ne serions pas condamnés pour cela à une

---

[10] « Nous résumons en nous, nous venus les derniers, toutes les pensées et toutes les passions de nos pères ! Le siècle dans lequel on vit est toujours le plus grand, parce qu'il a bénéficié de tout ce que les autres ont éprouvé, conquis, souffert ! » (Jules Vallès).

résignation muette et passive, car il n'est pas de loi qui ne puisse être modifiée et céder la place à une autre loi.

Mais, ce qui est encore plus décisif, c'est que déjà des modifications ont été faites ; nous subissons déjà une loi nouvelle. Ce n'est plus la nature, c'est une œuvre humaine qu'il s'agit de transformer.

Ce que l'humanité a fait, ne peut-elle donc plus le défaire ou l'améliorer ?

Qui donc serait recevable, pour défendre le *statu quo*, à se retrancher derrière des impossibilités que nos ancêtres, moins favorisés, ont bien su vaincre ?

Ceci peut-être mérite explication.

* * *

Pourquoi les hommes se sont-ils mis en société ?

L'association n'est point une chose essentielle à notre espèce ; ce n'est point un arrangement préparé et imposé par la nature.

Assurément, l'homme naît aujourd'hui avec des instincts sociaux, c'est un animal sociable – *Zôon politikon* – comme disait déjà Aristote. Mais, ces instincts innés, que possèdent aussi, à un degré inférieur, nombre d'autres animaux, sont le résultat, transmis et fixé par l'hérédité, d'une adaptation aux circonstances extérieures qui a peut-être exigé, pour se produire, l'accumulation plusieurs fois séculaire d'efforts ininterrompus [11]... La société, pas plus que la civilisation, pas plus que la flanelle de santé, le phonographe, les conserves Liebig ou les machines à coudre, n'est de création naturelle. C'est une institution humaine, due à ce développement graduel de l'intelligence, qu'ont engendré et conduit les exigences du milieu [12].

Entre autres procédés pour améliorer leur situation et pour lutter plus efficacement contre les innombrables dangers qui les assainissaient de toutes parts, les hommes ont imaginé de se prêter un appui réciproque.

---

[11] De même, l'instinct bien connu du chien d'arrêt n'est autre chose que la prolongation, obtenue artificiellement, et *devenue héréditaire*, de la courte pause que les animaux chasseurs ont coutume de faire avant de s'élancer sur leur proie. (voir *Lettres sur les animaux*, par Georges Leroy.)

[12] Le contrat social n'est pas de ma façon, / Je ne l'ai pas signé dès le sein de ma mère. (Alfred de Musset).

Une longue et coûteuse expérience leur ayant enfin appris combien l'isolement et l'insolidarité étaient funestes, ils se sont réunis par groupes, ils ont mis en commun leurs ressources et leurs efforts ; ils se sont engagés, à quelques-uns, à se protéger et à se soutenir mutuellement.

* * *

La société a donc été une tentative de réaction contre la loi de Darwin.

Et, en réalité, une fois ce moyen de défense institué, l'homme n'a pas tardé à s'affranchir de plus en plus rapidement et de plus en plus complètement des difficultés et des maux dont il était auparavant l'impuissante victime.

La société a donc pour but de corriger les fatalités naturelles, d'en atténuer, et même, si faire se peut, d'en supprimer absolument les conséquences désastreuses, – ou, plus exactement, d'en détourner le cours, et, comme tous les phénomènes sont modifiables, de les faire servir au bien général.

On se met en société, ou, quand on y est, on accepte d'y rester, afin d'augmenter, moyennant certaines conditions et certains sacrifices, sa sécurité, sa liberté, son bonheur.'

En échange des charges que nécessairement elle leur impose, la société a pour devoir de protéger ses membres, de les garantir contre les périls auxquels ils sont exposés, aussi bien contre la mort lente qui attend les victimes de la sélection naturelle que contre la mort violente, aussi bien contre les morsures de la faim que contre celles des cannibales, aussi bien contre l'exploitation que contre l'assassinat !

* * *

Même, il semble que la société est faite surtout au profit des petits et des faibles...

Ne sont-ce pas ceux-là, en effet, qui pâtissent le plus des fatalités naturelles, au point d'en mourir, qui, par conséquent, sont les premiers intéressés à leur annihilation ?

Les forts n'ont pas à les redouter, ces fatalités, puisqu'ils en profiteraient, si elles agissaient librement.

L'état de nature présente des inconvénients nuisibles à la masse, profitables à une minorité privilégiée : – l'état social, qui a été inventé pour remédier à ces inconvénients, ne peut donc pas servir aux privilégiés, dont il doit, au contraire, niveler les prérogatives. Il ne peut consacrer ce qu'il est destiné à amender et à détruire : autrement, pourquoi ne pas s'en tenir à l'état de nature?

Or, si les faibles n'étaient pas appelés les premiers à en bénéficier, l'état social n'aurait servi qu'à consacrer leur infériorité.

C'est dans ce sens qu'il est permis de dire que la société est faite surtout pour les faibles, qu'elle a pour but et pour devoir de protéger et d'armer en vue de la concurrence contre les forts.

Il y a dans ces déductions une logique si forte, que notre civilisation, tout incomplète, tout arbitraire qu'elle soit, n'a pu échapper à son influence.

À côté, en effet, des abus, des anomalies et des iniquités sans nombre dont elle fourmille, on a vu surgir quantité d'institutions de bienfaisance, destinées à protéger les moins capables, à sauvegarder les plus désarmés, à recueillir les vaincus, à relever et à panser les blessés de la grande bataille sociale, ou bien à atténuer les maux de la guerre, à les prévenir même, au besoin, pour leur substituer des œuvres de paix.

Tout cela est bien incohérent, bien capricieux, bien insuffisant^ souventes fois bien humiliant et bien chèrement acheté ; presque toujours, encore, l'esprit altruiste de solidarité est en antagonisme formel avec l'instinct égoïste de conservation. Néanmoins, toutes ces tentatives étroites et hasardées attestent la puissance du principe qui a présidé à la fondation des sociétés [13].

**

C'est bien pour réagir contre les fatalités naturelles, pour parer aux coups de la sélection et adoucir la concurrence vitale, que l'homme s'est rapproché de ses semblables et a fait alliance avec eux.

Autre ne peut être la police de ce contrat d'assurances mutuelles.

En réalité, cette police est-elle respectée? — Non.

---

[13] Aussi, Malthus, cet impitoyable logicien, sentant vivement l'inconséquence de cette pratique, a-t-il mené la plus vigoureuse campagne contre les institutions philanthropiques « Pas de sensiblerie, s'écriait-il. Finissons-en une bonne fois avec la charité légale et même avec la bienfaisance privée ! Qu'importe que les enfants pauvres deviennent la proie des chiens ! Au banquet de la vie, il n'y a pas de place pour eux... »

Jamais, en effet, grâce, sans doute, à l'avance de la conscience générale du bien sur les institutions contemporaines, autant de désaccord n'est apparu entre ce qui est et ce qui doit être, entre l'idée et les faits.

C'est à un homme de science, d'une érudition et d'une compétence indiscutables, à l'auteur de *Force et Matière*, au docteur Büchner enfin, que nous emprunterons une citation pour appuyer nos dires. M. Haëckel ne pourra pas, sans doute, récuser l'autorité de celui-là, sous le prétexte que, comme il l'a reproché à M. Virchow, il ne connaît rien aux choses de la zoologie. Pour que notre propre incompétence ne nous expose pas *à priori* à une fin de non-recevoir catégorique, pour qu'on ne refuse pas de discuter avec des gens qu'on considérerait d'avance comme des énergumènes ignares, force nous est bien d'invoquer des références aussi considérables :

> « Le droit indéniable de tout homme à l'ensemble des biens de l'humanité, au moins de son peuple ou de sa nation, n'est dans l'état actuel des choses, qu'une cruelle dérision. Tel, en effet, naît avec la couronne sur la tête, ou, dès le berceau, se roule sur des millions. Il lui a suffi de respirer pour posséder en propre une grande partie de ce sol sur lequel nous sommes tous nés, et qui devrait, en bonne justice, être le patrimoine commun à tous ; il ne pense pas encore, et déjà il doit avoir rang, richesse, places, savoir ; il doit dominer ses concitoyens. Tel autre naît nu et pauvre : il n'a pas une pierre où reposer sa tête. La terre même qui l'a enfanté semble le regarder comme un banni ou un retardataire, obligé d'abord d'établir son droit à une misérable existence, en asservissant à autrui, pendant toute sa vie, les forces corporelles ou intellectuelles dont l'a doué la nature. Même à de telles conditions, même quand il sacrifie vie et santé à ce servage, la société le contraint ordinairement, lui et les siens, à traîner la plus triste existence ; elle leur impose, au sein d'une richesse publique inouïe, le supplice de ce mythique Tantale, spectateur éternel de repas, où il ne peut être convive. L'excès de pauvreté et l'excès de richesse, l'excès de force et l'excès d'impuissance, l'excès de bonheur et l'excès de misère, l'excès de servitude et l'excès de caprice, l'excès de superflu et l'excès de dénuement, une fabuleuse science et une ignorance fabuleuse aussi, le travail le plus pénible et la jouissance sans effort, tous les genres de beauté et de splendeur et la plus profonde dégradation de l'existence et de l'être, voilà le caractère de notre société actuelle, qui, par la grandeur de ses contrastes, surpasse les pires époques d'oppression politique et d'esclavage. Tous les jours, les plus émouvantes tragédies, fruits de ces contrastes, se passent sous nos yeux, sans que nous en puissions prévenir le retour, et nous sommes obligés de nous dire que, chaque jour, à chaque heure, des hommes, privés des choses les plus nécessaires à la vie, périssent rapidement ou lentement, tandis que,

tout près d'eux, la portion mieux favorisée de la société regorge de superflu et de bien-être, tandis que la prospérité nationale a pris un essor jusqu'alors inconnu. Parcourons nos grandes villes et nos principaux districts manufacturiers, cela nous suffira bien pour voir, tout auprès du séjour de la Richesse et du Bonheur, au-dessus et au-dessous de lui, se cacher les repaires du Vice et de la Misère ; pour voir, près des tables surchargées et des estomacs saoûlés, la Faim à l'œil cave subir sa silencieuse torture ; pour voir, à côté de tous les genres de luxe et d'arrogance, le Dénuement sans espérance se blottir, craintif et anxieux, dans un sombre recoin, ou bien, en proie à un morne désespoir, couver des desseins horribles. Que de fois, avec les bribes tombées de la table du riche et dédaignées même de ses chiens, que de fois le pauvre travailleur pourrait ravir au plus affreux trépas ses enfants affamés et grelottants !... La répartition de la nourriture intellectuelle est aussi inégale... Que de faim intellectuelle et physique serait sans peine assouvie par une équitable distribution de la propriété et de l'éducation ! Comme tous pourraient manger et apprendre *à leur appétit*, si l'activité était pour tous un dernier devoir, et si tant d'hommes ne travaillaient pas pour un seul ou pour quelques-uns. » [14]

En d'autres termes, la concurrence vitale n'a rien perdu de sa fureur impitoyable.

C'est toujours par milliers, par millions peut-être, que des hommes succombent, pour la plus grande gloire et le plus grand profit d'une minorité de favoris, qui monopolisent apparemment le progrès de l'espèce [15]. Les mêmes contrastes, les mêmes conflits, les mêmes catastrophes ne cessent pas de se reproduire : il y a toujours des sacrifiés.

***

---

[14] *L'Homme selon la science*, pp. 331-332.
[15] Ecoutons aussi J. B. Say – un économiste pourtant : « Partout on voit l'exténuation de la misère à côté de la satiété de l'opulence ; le travail forcé des uns compense l'oisiveté des autres. Des masures et des colonnades, les haillons de l'indigence mêlés aux enseignes du luxe; en un mot les plus inutiles profusions au milieu des besoins les plus urgents. » Il est vrai qu'il ajoute, oubliant sans doute que dans sa jeunesse il avait écrit *Olbie*, roman socialiste : « *La plupart de ces maux sont dans la nature des choses et nous n'y pouvons rien* ». C'est la conclusion de Malthus et de Haëckel. « Tous ne pouvant s'élever, a dit quelque part M. Thiers, il faut bien que ce soient les plus forts (les plus aptes) qui s'élèvent. La société doit donc du crédit, non pas à tous, mais aux plus habiles... » En d'autres termes, la société prête la main aux forts pour écraser les faibles. Elle fait le contraire de ce qu'elle doit. C'est une conséquence logique, une application inique mais directe de la loi de Malthus et de la sélection à la pratique sociale. La civilisation aide la nature dans son œuvre destructrice ! Elle ne prête qu'aux riches !

Cette persistance du mal que la société était appelée à guérir tient-elle à son impuissance, ou bien aux vices de son organisation?

Telle est la nouvelle question qui se pose.

* * *

A en croire Malthus et M. Haëckel, il faudrait voir là une fatalité inéluctable.

Prenant au pied de la lettre la fameuse maxime de Bacon : « On ne triomphe de la nature qu'en obéissant à ses lois », – ils enseignent que l'humanité s'épuiserait en efforts inutiles à vouloir transformer un ordre établi de toute éternité par la nature ; que, par conséquent, la pratique sociale ne peut faire autre chose que consacrer ses arrêts, quelques rigoureux, quelque déplorables qu'ils puissent être. *C'était écrit*, faibles mortels, tremblez et obéissez ! Tenter de réagir, ce serait plus qu'un crime, ce serait une faute, une sottise stérile...

* * *

Cette morale tout orientale ne saurait nous convenir, par cette excellente raison qu'elle repose sur une erreur.

Sans doute, la nature, qui n'a souci que de l'espèce, condamne à mort et exécute sans pitié les individus les moins aptes.

Telle est sa loi.

Mais cette loi s'est modifiée avec le temps, sous la pression de circonstances différentes et d'éléments nouveaux. Elle ne se manifeste plus comme autrefois dans son intensité absolue. Ce n'est plus en vertu de fatalités naturelles que l'inégalité s'accuse et que le sacrifice des damnés s'accomplit. La nature n'a plus, depuis longtemps, presque rien à voir dans les désordres sociaux.

* * *

Il n'est pas vrai, en effet, que la richesse, l'éducation, le pouvoir, le bien-être, en un mot tous les privilèges et toutes les supériorités quelconques, correspondent à des supériorités natives.

Il n'est pas vrai que les riches et les puissants soient, en réalité, les meilleurs, les plus forts, les plus capables, les mieux équilibrés au triple point de vue physique, intellectuel et moral.

Il n'est pas vrai que ces divers avantages soient proportionnés aux forces intrinsèques, à l'énergie organique de chacun, ni même qu'ils résultent de telle ou telle qualité spéciale, produite chez certains individus par le jeu normal des agents naturels.

L'activité, l'application propre, la valeur personnelle, n'influent guère sur la répartition des fruits du labeur collectif des générations passées ou contemporaines : personne n'oserait sérieusement soutenir que le capital, matériel ou intellectuel, avec les conséquences de puissance, de considération et de succès qu'implique sa possession, soit l'attribut nécessaire de certains avantages naturels, ou que la pauvreté et le dénuement des classes déshéritées soient symptomatiques d'une infériorité logique et méritée.

Il en serait ainsi, cependant, si la nature agissait sans entrave, rectification, ni contrepoids, et si les lois du transformisme présidaient toutes seules à révolution sociale.

La concurrence vitale n'est, normalement, défavorable qu'aux faibles et aux incapables : ceux-là seuls sont atteints par la sélection naturelle. Les forts, au contraire, et les capables, devraient donc, si la société, impuissante à réagir, n'apportait à la loi de Darwin qu'une consécration nouvelle, bénéficier, exclusivement et sans partage, de tous les progrès collectifs et de toutes les ressources sociales.

Ce qui en témoigne encore mieux, ce qui démontre irréfutablement que ce n'est pas la nature qui a prédestiné les classes privilégiées au triomphe dans la lutte pour la vie, c'est que, souvent, elle fait naître un grand homme sous le chaume et qu'elle jette un crétin dans un berceau princier [16].

> « Que de talents, que de génies sommeillent peut-être dans la foule, empêchés de prendre leur légitime essor, obligés de traîner la charrue du labeur quotidien, tandis que, sur le siège du potentat, dans la chaire de la science, s'étalent l'incapacité et la petitesse d'esprit. » (*Büchner*).

> « Le nombre des génies que produit une nation est proportionnel au nombre d'hommes qui reçoivent une culture suffisante. Rien ne me prouve que mon bottier n'ait pas ce qu'il faut pour écrire comme Corneille ; il lui manque seulement l'éducation nécessaire pour

---

[16] On objecte que les hommes de valeur finissent toujours par percer et l'on cite, à l'appui de cette thèse, l'exemple des gens qui, comme Stephenson, Lincoln, James Watt, etc., sont partis de très-bas pour arriver finalement aux plus hautes situations, à la richesse, à la gloire. Mais, ce qu'on oublie, c'est que, pour quelques pauvres qui, favorisés par des circonstances exceptionnelles, réussissent ainsi à violer la fortune, il y en a des centaines peut-être qui s'éteignent obscurément dans les coins, rongés par la consomption et le désespoir de leur continence forcée et de leur inutilité !

développer les sentiments et lui apprendre à les communiquer au public. » (*Stendhal*).

* * *

Il est donc hors de doute que toutes ces inégalités, toutes ces monstruosités, ne peuvent être attribuées à la nature, qui, elle, agit autrement, ne tolère pas d'anomalie et ne frappe pas ses victimes à tort et à travers.

Il est donc hors de doute qu'elles tiennent non pas à l'impuissance de l'état social, mais à ses vices.

* * *

Les lois cosmiques ont été modifiées, mais elles ne l'ont pas été dans le sens de l'équité.

Au lieu de les amender ou de les neutraliser complètement, la société – disons mieux, la volonté de l'homme, – tout en les modifiant et en leur imprimant une direction différente, les a, au contraire, aggravées de fatalités nouvelles, toutes dé convention. Elle a déplacé le centre de gravité de la force et du progrès, accablant ceux qu'elle ne favorisait pas du poids additionnel d'institutions factices, en présence desquelles il ne peut plus être question ni de sélection scientifique, ni de lois biologiques irrémédiables.

Les forts ne sont pas les forts, les meilleurs ne sont pas les meilleurs, – *oï aristoï*, comme disaient les Grecs, – parce que la nature l'a voulu ainsi, mais parce qu'ils sont les privilégiés de l'éducation et de la richesse, parce que des combinaisons *purement humaines* ont drainé à leur profit le bien-être matériel, les moyens de production et d'échange, la suprématie intellectuelle, la puissance politique et la considération sociale.

Ce n'est pas d'une sélection NATURELLE, *mais bien d'une sélection* ARTIFICIELLE *que les faibles sont victimes.*

Il s'en faut que la part échéant à chacun dans la vie soit en raison directe de ses efforts ou de ses mérites. La répartition n'est pas fortuite, ni en conformité des lois générales delà vie : elle dépend, au contraire, d'arrangements arbitraires pris par la libre coopération de l'homme, de FATALITÉS SOCIALES, en un mot, c'est à dire d'un enchaînement de circonstances *factices* et de causes *voulues*, dans lesquelles le travail, la vertu, la diligence et les capacités de l'individu n'ont joué qu'un rôle secondaire.

Sismondi, un économiste pourtant, l'a dit :

> « La plus grande partie des frais de l'établissement social est destinée à défendre le riche contre le pauvre, parce que, *si on les laissait à leurs forces respectives*, le premier ne tarderait pas à être dépouillé ».

* * *

Qu'on ne vienne pas dire, après cela, que la défaite est toujours méritée, ni que les exploités sont exploitables et n'ont pas à se plaindre de leur sort !

A une époque, sans doute, ceci a pu être vrai.

A l'origine, quand l'humanité si faible encore, si mal armée, si ignorante et si grossière, n'était pas, pour ainsi dire, affranchie des fatalités communes à tous les êtres vivants, elle ne savait modifier ni les phénomènes ni les lois. C'était alors réellement le plus fort, le plus vigoureusement constitué, le plus capable, le mieux adapté, qui triomphait de ses concurrents.

Mais, depuis, les choses ont changé de face.

L'intelligence humaine a réagi de plus en plus, et substitué aux conditions naturelles un ordre artificiel et raisonné.

Désormais, la défaite et la mort réservées aux vaincus ne sont plus des témoignages suffisants d'infériorité, et il n'est plus possible de se retrancher derrière de prétendues dispositions de la nature pour légitimer ces lamentables injustices.

Seule, désormais, la société est responsable, parce que, seule, elle est coupable.

* * *

Mais, on insiste encore.

> « De naturelles qu'elles étaient, dit-on, les fatalités se sont transformées ; elles sont devenues sociales; soit !
>
> Ce sont les hommes qui ont artificiellement arrangé les événements et capricieusement combiné les institutions : soit encore ! Mais, il n'en reste pas moins vrai que, pour fonder un ordre de choses aussi solide, aussi régulier, aussi harmonique et aussi durable, il a fallu des gens supérieurs, excellemment doués, plus aptes, par conséquent que les autres.
>
> C'est donc, en fin de compte, à la nature, aux fatalités naturelles qu'il faut remonter quand on veut connaître la raison essentielle de la répartition des biens et des maux sociaux.

L'association modifie les conditions de la concurrence vitale, nous n'en pouvons disconvenir, puisque nous savons qu'aucune loi n'est immodifiable. Mais, il ne faut pas se laisser prendre aux apparences, ni croire que, au fond, la sélection ait, pour cela, cessé de s'exercer.

Si les déshérités n'ont pu rectifier l'ordre nouveau substitué artificiellement à l'ordre ancien, s'ils n'ont jamais réussi, en dépit de coûteuses tentatives, à fonder le leur, à leur tour, c'est qu'ils ne réunissent pas les qualités requises, c'est que réellement ils sont les plus faibles. Le succès est le *critérium* du mérite : ils est sa propre justification. Incapables de transformer une société qui les écrase et d'en organiser une qui reconnaisse leurs droits et satisfasse à leurs besoins, les sacrifiés n'ont pas à se plaindre ni à récriminer. Leur infériorité n'en reste pas moins une infériorité naturelle, fatale, inéluctable, qui se traduit et s'accuse précisément par la stérilité de leurs efforts.

Quand on est battu, c'est qu'on devait l'être, c'est qu'on n'avait pas ce qu'il faut pour vaincre.

La concurrence vitale a pu se transformer sous l'action de l'initiative et de l'industrie croissante de l'humanité; ce qui était autrefois un gage de triomphe – la force musculaire, par exemple – a pu devenir indifférent ou nuisible ; la lutte pour vivre, limitée d'abord aux conditions extérieures de l'existence, a pu se transporter du domaine matériel dans le domaine politique, social et scientifique... Mais, elle n'en est pas moins nécessaire, inévitable ; elle n'en régit pas moins le monde ; ce n'en sont pas moins les plus forts qui, grâce à leurs aptitudes, à leurs facultés et aux précautions qu'ils savent prendre, en sortent victorieux... »

Telle est l'objection dernière, exposée loyalement, en termes aussi explicites et aussi complets que possible.

* * *

Certes, il est possible, il est même certain, quand des gens ont, une première fois, réussi à fonder une société avantageuse pour eux, que ceux-là étaient les plus capables, les plus forts, d'entre leurs contemporains. L'ordre artificiel qu'ils établissaient était symétrique de l'ordre naturel.

Mais, il n'en a été ainsi que pour leur génération.

L'énergie de leurs descendants, amollie par les facilités de vie qu'ils leur léguaient, a cessé bientôt d'être à la hauteur des circonstances : les privilèges héréditaires ont de plus en plus affecté le caractère d'usurpation que nous signalions tout à l'heure. Ainsi s'explique la dégénérescence fatale de toutes les aristocraties.

Cependant, la machine sociale n'était pas démontée pour cela, et, quoique les ouvriers ne la valussent plus, elle allait, elle allait toujours, animée par la vitesse acquise, pesant de tout son poids sur les générations nouvelles...

Les plus forts d'une époque ayant tout réglé au profit d'eux-mêmes et de leur progéniture, les nouveaux « meilleurs », accablés sous ce faix, ne peuvent percer. Tous les avantages étant accumulés dans un coin, à la disposition de ceux qui, souvent, en sont les moins dignes, la concurrence est faussée dès l'abord par ce que M. Agathon de Potter a si justement appelé la *prédestination sociale*.

Il se fait quelque chose comme une course dans laquelle une minorité de coureurs disputerait *en carrosses* le prix à une majorité de *piétons*. Assurément les premiers qui auraient imaginé d'utiliser à leur profit ce moyen perfectionné de locomotion auraient fait preuve de plus de capacité, de plus d'intelligence que ceux qui en seraient restés réduits seulement à la vigueur de leurs jarrets. Ceux-là auraient effectivement mérité leur victoire. Mais on n'en saurait dire autant de leurs descendants, qui, tout en pouvant n'en être dignes en aucune façon, à en juger d'après leurs qualités naturelles, (il est même probable qu'ils auraient à peu près perdu l'habitude de marcher) n'en posséderaient pas moins tout ce qu'il faudrait pour l'emporter sur leurs concurrents moins bien outillés. L'avantage tenant à l'emploi des carrosses n'en subsisterait pas moins, créant une infériorité artificielle à la foule des piétons, qui auraient déjà fort à faire de se frayer un passage et d'éviter d'être écrasés sous les roues. Dans l'immense majorité des cas, l'issue se trouve ainsi décidée d'avance.

Un système complet de conditions factices, de création humaine, coupe en deux l'humanité, et assure, hors concours, à une classe spéciale, toutes les supériorités de l'éducation, de la richesse et du pouvoir.

Il n'y a même pas possibilité de concurrence, puisque la situation est agencée de façon à ce que cette classe, qui monopolise la force, *bénéficie même des efforts des autres.*

Fatalement, sans doute, ceux-ci, les maudits, les parias, restent tributaires des heureux, et n'ont même ni une conscience nette de leur subordination, ni une notion exacte de ses causes déterminantes, ni un très-vif sentiment de son horreur.

Mais, qu'on ne vienne pas dire que cette fatalité est une fatalité *naturelle* : c'est une fatalité *sociale*, une combinaison faite par les hommes, une barrière artificielle !

* * *

Donc, cette organisation est révisable, comme le sont toutes les choses humaines.

Si l'on peut, en effet, modifier les fatalités naturelles, *à fortiori* doit-on pouvoir modifier les fatalités de convention.

* * *

Autrement, les exclus ne trouvant nulle part une compensation à l'infériorité à laquelle ils se heurtent en naissant, n'ayant plus ni appui ni recours, n'auront plus aucun intérêt à rester en société.

La plupart d'entre eux doivent leur infériorité non pas à la partialité de la nature, mais à l'arbitraire des arrangements légaux de la politique et de l'économie. L'état social leur impose des obligations, souvent fort onéreuses ; il leur fait payer très-cher, souvent de leur indépendance tout entière, les services qu'il rend... à d'autres, mieux lotis par le hasard de la naissance ou des événements...

A quoi bon, dès lors, accepteraient-ils, avec la résignation qu'on leur prêche, une aussi désavantageuse situation ?...

Mieux vaudrait pour eux se mettre en marge, et vivre à la sauvage, comme des loups, libres, batailleurs, inexorables, au gré de leurs caprices et de leurs énergies natives !

Mieux vaudrait en revenir à la concurrence brutale des premiers âges, à la loi de Darwin, et, faisant appel au droit du plus grand nombre – autorité qui, apparemment, en vaut bien une autre – pour renverser les obstacles traditionnels qui s'opposent à l'expansion normale des facultés de chacun, prendre la nature pour juge suprême !

MM. les ploutocrates et leurs champions y sont-ils disposés ?

Consentent-ils à redescendre dans la lice, après avoir déchiré, de bon gré, toutes les conventions arbitraires qui leur servent à la fois de bouée et de bouclier ?

Consentent-ils à raser les officines de jugerie et les citadelles de domination, tribunaux, casernes, écoles spéciales, séminaires d'aristocratie, collèges, arsenaux, greffes et bagnes, à jeter au feu les paperasses administratives et les parchemins notariés, les constitutions qui enchaînent l'avenir et les codes qui pétrifient le passé, à licencier leurs gendarmes, leurs bureaucrates et leurs soldats, pour s'en tenir à la religion de Darwin, de Haëckel et de Malthus, au droit du plus fort, c'est-à-dire au *droit au crime* ?

* * *

Nous n'y croyons guère, car il se pourrait bien faire alors, comme le travail – ou plutôt la productivité – est la mesure, le dynamomètre de la valeur individuelle, comme, d'autre part, les avantages sociaux devraient ainsi être proportionnés au travail, comme la force brutale qui ne sait point légiférer et qui parlemente encore moins, saurait bien imposer cette sanction proportionnelle, que les bouches inutiles à supprimer fussent précisément nos maîtres d'aujourd'hui.

Les damnés de l'enfer social travaillent, eux ; ils produisent ; ils sont utiles à la collectivité. S'il y a, comme le prétendent leurs exploiteurs, trop de monde au monde, si un déblaiement est indispensable, que ne commencerait-on par les oisifs, par les parasites, par ceux qui consomment sans produire ?....

Qu'on les réduise, au moins, à la portion congrue!

S'il n'y a pas de place pour tous au banquet de la vie, au moins que personne n'y soit toléré qui ne paie son écot!

Que personne, en se levant, n'emporte les couverts !

Que penseraient de ceci les classes dirigeantes ?

* * *

Sans doute, ces déductions logiques les épouvantent et les révoltent, d'autant plus qu'elles n'ignorent pas que souvent la victoire appartient aux gros bataillons.

Mais qu'y faire ?

Trop intéressés au maintien du *statu quo* pour seconvertir aux meilleures raisons et pour reconnaître le droit, tant qu'il n'aura pas la force pour sanction effective, elles continueront à nous jeter à la face la loi de Darwin, et expliquer par elle la fatalité prétendue de la misère et la soi-disant nécessaire élimination des déshérités, jusqu'au jour inévitable où les masses, à bout de patience, briseront comme verre ce contrat léonin, et demanderont à la nature, c'est-à-dire à cette violence brutale dont M. Haëckel ne saurait plus contester la légitimité, une revanche trop longtemps attendue.

**

Mieux vaudrait, sans doute, prévenir cette résolu tion désespérée – *ultima ratio servorum* – ressource suprême des opprimés.

Mais nous connaissons trop l'aveuglement et l'obstination vaniteuse des privilégiés de tous les temps, pour nous bercer à cet égard d'une espérance chimérique.

**

Il aurait cependant suffi, pour écarter une solution brutale, et pour endiguer les revendications d'en-bas dans une voie pacifique, de regarder en face ce redoutable problème social, qui grandit en silence, et, – au lieu de lui chercher une interprétation aussi fantaisiste qu'illusoire, – de l'étudier de bonne foi sous tous ses aspects, d'en analyser tous les facteurs, dont on aurait calculé les tendances et l'action, et de se comporter, enfin, en conséquence. Au lieu de nier le malaise social et de prendre sa défense au nom d'une science menteuse et de lois sophistiquées ; au lieu de persécuter haineusement ceux qui le mettent en lumière et proposent d'y remédier, il eût fallu plutôt écouter leurs conseils, et, par des réformes graduelles, préparer l'avènement d'un meilleur état de choses....

**

Ce n'est pas assez, au surplus, de critiquer la théorie et la pratique de nos contradicteurs.

Nous devons, à notre tour, poser les principes généraux qui présideront aux nôtres.

**

La loi de Darwin existe ; elle est une des multiples influences qui pèsent sur l'homme, et, par conséquent, sur les arrangements humains.

C'est un élément trop important pour qu'il soit permis de le négliger et de ne pas faire entrer en ligne de compte ses résultats, directs ou indirects.

Quel est son rôle dans l'état actuel, ou plutôt dans l'état futur qu'il s'agit d'instaurer ?

Étant données les fatalités que cette loi résume et régit, quelle peut être la destinée sociale de l'homme ?

Telle est, sous deux formes différentes, la dernière question qu'il nous reste à résoudre.

* * *

Nous savons que la loi de Darwin, comme toutes les lois naturelles, est essentiellement modifiable.

Nous savons que, en fait, elle a été modifiée par la réaction de l'homme, et d'autant plus profondément modifiée, que l'homme se développant et se civilisant davantage, cette réaction s'enrichissait de moyens nouveaux, plus parfaits ou plus puissants, et gagnait en intensité.

Nous savons, enfin, que l'état social qui englobe toutes ces modifications ne répond pas exactement à son but, puisqu'il n'est encore avantageux qu'à une oligarchie de privilégiés et qu'il consacre l'asservissement du plus grand nombre.

Ces prémisses posées, des conclusions logiques et équitables s'en dégagent aisément.

* * *

Il n'y a qu'à achever l'œuvre commencée ; il n'y a qu'à concentrer toutes les forces sociales en vue de la subalternisation de plus en plus complète de la nature.

Puisque, à mesure que l'humanité progresse, elle s'affranchit davantage des fatalités naturelles, il faut hâter l'heure de son affranchissement définitif, au moins poursuivre l'approximation continue de cet idéal qui recule au fur et à mesure...

Au lieu d'user improductivement leur activité à se subjuguer, à s'exterminer les uns les autres, ou à entretenir dans un luxe scandaleux une poignée d'exploiteurs oisifs et parasites, les hommes doivent commencer enfin de la consacrer tout entière aux œuvres utiles, à l'intérêt général. Que l'émulation guerrière en vue de la destruction et du mal fasse place à l'émulation laborieuse en vue de la production et du bien !

En d'autres termes, au lieu de la lutte pour l'existence, *l'aide pour l'existence* ; au lieu de l'homme, l'humanité ; au lieu de l'antagonisme des intérêts, la solidarité universelle !

Il faut organiser la lutte CONTRE *la lutte pour vivre.*

* * *

Contre les fatalités naturelles, on a entassé des obstacles formidables, créé de puissants instruments, fondé de tutélaires garanties. Et, grâce à l'évolution progressive et constante de l'humanité, tous les jours de nouveaux obstacles, de nouveaux instruments, de nouvelles garanties, encore plus formidables, encore plus puissants, encore plus énergiquement tutélaires, viennent s'ajouter aux premiers...

Il faut que chacun en ait sa part, que personne ne soit exclu !

L'inégalité des conditions n'est-elle pas l'une de ces fatalités contre lesquelles il s'agit de réagir ?

Qu'importe qu'elle soit dans la nature ? c'est une raison de plus pour y remédier, puisque la société a été imaginée précisément pour rectifier les écarts de la justice distributive de la nature...

La division du travail, ce grand principe dont l'importance va toujours croissant, et où M. Haëckel croit à tort voir une justification de la hiérarchie, n'est-elle pas destinée, au contraire, à fournir au plus faible le moyen de se rendre utile, et de coopérer, pour une part équivalente à la part de ses collaborateurs, à l'œuvre collective du travail humain ? [17]

* * *

C'est ainsi que se trouve démentie la théorie assez spécieuse d'après laquelle les hommes auraient débuté par une égalité à peu près absolue pour devenir avec le temps de plus en plus inégaux, de

---

[17] Notons en passant que la division du travail, instituée, comme nous venons de le dire, pour secourir les faibles et leur procurer les moyens de pallier leur infériorité, a réagi à son tour, transformé par son action normale les conditions de la vie humaine et contribué dans un autre sens à niveler les inégalités naturelles, en imposant de plus en plus à. tous, *même aux forts*, une dépendance réciproque. Il n'est personne aujourd'hui, grâce à elle, qui soit capable de se suffire à lui-même, en dédaignant le concours de ses semblables Pour la satisfaction du moindre de nos besoins, il faut évoquer et mettre en jeu une foule d'activités rayonnantes et enchevêtrées, qui, toutes s'appellent, se nécessitent, se pénètrent dans une mutuelle perméabilité, de telle sorte qu'il est vrai de dire que chacun a besoin de tous et que tous ont besoin de chacun. L'isolement est devenu impossible et la solidarité fatale.
Ainsi, la division du travail, en même temps qu'elle utilise les efforts des faibles, les rend indispensables aux forts. Double façon de corriger les défectuosités et les injustices de la nature.

telle sorte que l'inégalité serait, pour ainsi dire, proportionnelle au développement de la civilisation.

Il est bien vrai que, d'après la loi de Darwin, la sélection, l'exercice et l'hérédité développent chez une minorité privilégiée des dispositions merveilleuses, tandis que les autres, moins bien servis par les circonstances, restent stationnaires, rétrogradent et périssent, ce qui peut sembler, apparemment, le dernier mot de l'inégalité. Mais l'organisation sociale n'a précisément de raison d'être qu'à la condition d'atténuer les conséquences fâcheuses de cette nécessité, de *socialiser* le progrès, en d'autres termes.

Que la différenciation des aptitudes et des fonctions aille toujours après cela, en s'accentuant davantage, l'égalité des conditions n'aura point à en souffrir : au contraire ! Plus le travail sera divisé, spécialisé, moins les hommes pourront se passer les uns des autres, plus le concours de tous sera indispensable, plus aussi leur équivalence apparaîtra, plus se neutraliseront les différences de forces et de capacités, plus se resserreront les liens sociaux...

L'histoire, au surplus, est là pour confirmer cette assertion.

Il y a, au furet à mesure des progrès de la civilisation, une tendance constante vers une égalité de plus en plus complète. L'égalité civile, l'égalité politique sont déjà – au moins pour la forme – inscrites dans nos constitutions et dans nos codes...

A quand leur réalisation effective ?

A quand l'avènement de l'égalité sociale, sans laquelle les autres formules égalitaires ne sauraient être qu'une mystification ?

* * *

Encore une fois, si ces institutions sont détournées de leur but, si les fatalités naturelles ne sont pas détruites, mais remplacées, aggravées même par des fatalités artificielles, la masse, revenant à la juridiction sommaire de la loi de Darwin, se retirera, comme autrefois les prolétaires de Rome sur le mont Aventin, hors de la société, hors de la civilisation, qu'elle laissera aux aristocraties, qui sont seules à en bénéficier...

On verra alors ce que feront celles-ci, livrées à leurs propres forces, et si elles seront de taille à soutenir victorieusement, contre la puissance collective, cette concurrence vitale dont elles invoquent aujourd'hui la complicité.

* * *

Si l'homme veut, au contraire, atteindre sa destinée sociale, il faut qu'il cesse de se claquemurer dans un individualisme intolérant et jaloux ; il faut qu'il cesse de guerroyer pour son propre compte, un contre tous.

Ce n'est qu'en s'unissant aux êtres de son espèce, et en travaillant, de concert avec eux, à faire converger tous les efforts en une alliance commune contre l'oppression de la nature qu'il peut réaliser la justice et parvenir au bonheur.

Qui dit société, dit communauté d'intérêts, dit solidarité, dit aussi égalité, car suivant les belles paroles du poète anglais Milton – *amongst unequals no society :* – entre des êtres inégaux, il n'y a pas d'association concevable.

Ne s'agit-il pas de suspendre la lutte pour l'existence, afin d'y substituer la lutte féconde contre les exigences de la vie extérieure ?

Toutes les forces humaines ne seront pas de trop pour ce combat sans fin.

D'où la nécessité d'égaliser autant que possible les moyens et les conditions de tous les combattants et de les rallier tous autour du même drapeau, autour de l'étendard fédéral du genre humain.

Tant qu'il restera des sacrifiés, des exclus, des déshérités, il restera un progrès à faire, et la grande et décisive bataille contre la nature ne sera pas gagnée.

Il faut que tout le monde vive, que tout le monde ait sa place au soleil et au banquet, que tout le monde puisse développer intégralement toutes ses facultés et satisfaire tous ses besoins.

Voilà ce à quoi s'oppose la loi de Darwin, voilà ce qu'il faut conquérir de haute lutte.

Tel doit être le *desideratum* suprême de l'humanité !

C'est donc aussi en vue de ce but général que doivent être utilisées toutes les richesses qu'elle accumule de génération en génération, toutes les sciences qu'elle fonde, toutes les améliorations qu'elle réalise.

Autant dire que chacun de ses membres a un droit égal à ce fonds collectif.

***

Au lieu de disparaître, comme aux époques grossières où l'homme, encore désarmé et impuissant à, réagir, subissait passivement les lois ambiantes, au lieu d'obéir à la sélection naturelle, les individus inférieurs ou les peuples moins bien doués s'*adapteront* aux conditions nouvelles apportées par le progrès.

Au lieu d'être écrasés par les circonstances, ils s'élèveront à leur hauteur.

Les faibles s'engageront de plus en plus, à leur tour, dans le mouvement civilisateur général, qui ne profitera plus seulement à quelques-uns, mais à tous.

Personne ne restera en dehors de l'évolution humaine ; personne ne restera en retard, ni en arrière. Graduellement, progressivement, il se fera comme un concert universel, étouffant les clameurs discordantes delà barbarie antique, et dans lequel chacun appelé à jouer son air, collaborera utilement à l'harmonie finale.

Il n'émergera plus de races nouvelles, emmagasinant, au détriment et à l'exclusion des autres, toutes les virtualités du perfectionnement ultérieur. Transformant, au profit du genre humain, les fatalités naturelles, artificielles ou traditionnelles, l'intelligence de l'être supérieur qu'on a si justement appelé le « roi de l'univers » mettra toutes les forces disponibles au service du développement parallèle de tous.

Déjà, l'on peut prévoir – et préparer – l'époque où une certaine uniformité de culture, de bien-être matériel et moral, de pouvoir, de richesse et de civilisation, un véritable cosmopolitisme de l'homme policé, sans différences, sans exceptions, sans anomalies appréciables régnera ; sur la plus grande partie de la surface habitable et habitée de notre planète [18].

Il n'y aura plus de castes ni de races supérieures, investies de droits et d'avantages refusés aux autres. La société se chargera de niveler les différences et de compenser les inégalités.

Cependant, comme elle s'imposera pour mission, non pas de « rogner les habits », mais plutôt d'» allonger les vestes », il se pourra bien encore que, d'ici à longtemps, pour ne pas dire toujours, il surgisse ça et là des individualités véritablement supérieures.

---

[18] Büchner et Wallace.

Seulement ces privilégiés du hasard n'auront pas pour cela le droit de monopoliser le progrès ni de se transformer en fléaux sociaux. Ils ne devront, en effet, leur supériorité qu'à un état social particulièrement avantageux, qu'à des circonstances, fortuites ou artificielles, particulièrement favorables.

Le mensonge métaphysique inscrit en lettres d'or au fronton du Panthéon devra se retourner contre eux.

Au lieu de dire, comme aujourd'hui : « *Aux grands hommes la patrie reconnaissante* », on dira : « *A la patrie les grands hommes reconnaissants.* » [19]

L'association des hommes étant faite en vue d'a vantages communs, et en hostilité directe contre la lutte pour l'existence, ayant reçu plus, ils devront davantage, sous peine d'un ostracisme inexorable.

* * *

On comprend dès lors pourquoi M, Virchow, plus perspicace que M. Haëckel, a pu signaler le côté extrêmement dangereux – *pour leur monde* – de la théorie de Darwin, une fois acceptée par le socialisme révolutionnaire.

---

[19] N'est-il pas évident tout d'abord qu'un homme, si grand qu'on le suppose, et quelque envergure qu'on veuille prêter à son génie, n'est, au même degré que sa génération et que les phénomènes sociaux contemporains, qu'un produit de la société dans laquelle il naît, que la résultante d'une multitude d'influences et de forces complexes, qui ont agi ensemble et réciproquement pendant des siècles ? La genèse d'un grand homme ne peut être conçue comme un effet du hasard : il ne peut pas surgir n'importe où ni dans n'importe quelles circonstances. C'est ce qu'affirment l'expérience de l'histoire et l'observation de tous les jours.
Personne ne croira qu'un Newton ait pu jamais naître d'une famille Hottentote La biologie, au surplus, est d'accord avec les doctrines des plus éminents psychologues et avec le bon sens populaire, pour affirmer que l'apparition d'un grand homme suppose certaines conditions, un état social d'un certain degré.
D'un autre côté, il est non moins évident que l'action du grand homme serait impuissante, s'il n'était pas à même d'exploiter les richesses matérielles et intellectuelles, progressivement accumulées par les ancêtres, et d'opérer sur une civilisation déjà suffisamment avancée. Il faut nécessairement qu'il ait à sa disposition le capital collectif de l'humanité, afin qu'il n'ait plus qu'à donner issue à l'énorme puissance latente que recèlent ces matériaux et instruments héréditaires. Supposez donc Littré ou Napoléon nés et élevés au milieu d'une tribu de Kanacks !
Quelque grande que soit l'influence d'un homme, cette influence sera toujours fort minime comparée au travail dont elle bénéficie. (voir Herbert Spencer, *Introduction à la Science sociale.*)

On comprend comment, loin de faire tout, comme nous le conseille un autre professeur officiel de l'ambitieuse Allemagne, M. Oscar Schmidt, pour étouffer sous le silence l'hypothèse transformiste, nous pouvons, au contraire, comme nous l'avons déjà dit, y rencontrer un appui précieux et inattendu.

Le socialisme, en effet – ou la sociologie, ce qui est tout un – ayant pour but unique de corriger les fatalités naturelles, jusques et y comprises celles qui dérivent des lois de la descendance et de la transmutation des espèces, il est évident qu'on est mal fondé à soutenir que les théories qui reconnaissent et constatent seulement ces fatalités – éminemment modifiables – témoignent de l'inapplicabilité des idées socialistes.

Il y a là un véritable cercle vicieux.

On peut objecter, à bon droit, que toutes les organisations sociales, destinées, aussi elles, à cette mission, que revendique aujourd'hui le socialisme, de substituer aux arrêts cruels de la nature des combinaisons justes et rationnelles, n'ont jamais fait que remplacer les maux auxquels elles devaient remédier par des maux nouveaux, que substituer à la sélection de Darwin une sélection inédite, artificielle, celle-là, et peut-être encore plus dure, plus impitoyable et plus imméritée.

D'accord !

Mais les abus d'une chose ne suffisent pas pour entraîner sa condamnation définitive.

On n'est pas autorisé à en conclure qu'aucune forme sociale ne serait capable d'accomplir ce que les autres n'ont pas accompli.

Ce que nos ancêtres n'ont pu réaliser, pourquoi nos enfants ou nous-mêmes ne le réaliserions-nous pas ?

De quel droit affirmerez-vous que la série des expériences fâcheuses ne touche pas encore à sa fin ?

L'âge d'or n'est pas derrière nous, comme le content les légendes théologiques dont on a bercé notre enfance. L'histoire du passé nous enseigne, au contraire, qu'il est devant nous et que tout le progrès de l'humanité consiste à s'en rapprocher de plus en plus.

> « Ce paradis futur n'est pas imaginaire, mais réel ; il n'est pas le don d'un Dieu, mais le résultat du travail, le gain de l'homme et de la société ». (Büchner).

***

Et c'est précisément le socialisme, dont l'action *pacifique* dépend de ses adversaires, qui, répudiant les théories intéressées de Malthus et de M. Haëckel, nous servira de guide.

N'est-ce pas lui qui réclame et qui propose l'organisation d'un *modus vivendi* général, absorbant et égalisant les classes, l'avènement d'un régime social d'une élasticité telle qu'il puisse se prêter, sans secousse ni déchirement, à l'adjonction incessante de nouveaux éléments modificateurs, tout en assurant à chacun, en commençant par les plus intéressants, c'est-à-dire parles plus faibles, les moyens de vivre, de s'instruire, de travailler, de jouir au moins de l'équivalent de son produit, et de coopérer par ses facultés, ses aptitudes, ses services, ses exemples, à la prospérité de ses contemporains et de ses descendants ?

***

Ce n'est point ici le lieu de développer *ex-professo* un cours de sociologie, ni de décrire dans tous ses détails l'ordre de choses qui devrait résulter d'une pratique conforme à cette conception nouvelle du monde et de la société.

Nous n'avons pas entendu faire autre chose que de la philosophie, que de la théorie pure, remettant à une date future l'application des principes reconnus. Nous avons constaté que les doctrines scientifiques sur lesquelles s'appuie l'organisation sociale actuelle sont insuffisantes et arriérées, partant fausses, et que les gens qui les invoquent, négligent, consciemment ou inconsciemment, certains facteurs du problème, dont l'introduction ou les variations ont cependant une importance considérable. Nous avons enfin comblé les lacunes et rectifié les erreurs, jetant ainsi les bases de la philosophie moderne qui devra présider aux institutions de l'avenir.

Notre tâche est achevée.

Quelles seront, au juste, ces institutions futures, combinées de façon à satisfaire aux exigences de l'équité, de la logique et de la science ; sous quelles formes diverses seront-elles agencées et engrenées ; par quels procédés pourront-elles être inaugurées, mises en œuvre et garanties contre les retours offensifs de l'ancien régime ?...

Cette question subsidiaire reste pendante: elle devra faire l'objet d'une ou de plusieurs études nouvelles, tout aussi précises, circonstanciées et consciencieuses que celle-ci.

Qu'il nous suffise, pour l'instant, de connaître l'idée générale qui devra les inspirer et leur servir de pierre de touche.

L'analyse des éléments innombrables et complexes qui entreront enjeu dans ce mouvement réformateur, le calcul de leur puissance, l'appréciation de leur rôle, de l'intensité de leurs actions, réactions et répercussions réciproques, ainsi que des causes probables ou possibles de perturbation et des influences dues aux changements apportés, tout un nouvel ordre, en un mot, d'observations, d'expériences, de comparaisons et de conclusions, voilà quel est le nouveau devoir qui s'impose à nous, à présent que le terrain de la science abstraite est déblayé des préjugés de commande et des mensonges séculaires. Nous avons déjà le critérium : nous devons éclairer de sa lumière les faits de tous les jours. Nous savons quel est le morceau à jouer : à nous de réunir les musiciens et d'arranger l'orchestration.

La besogne est assez sérieuse et assez difficile pour mériter d'être réservée.

Ajoutons qu'il serait imprudent d'enfermer d'avance nos revendications dans un programme rigide et définitif.

Les formules absolues, truffées de mots barbares qui se terminent inévitablement en *isme,* ont quelque chose de sacramentel et de nébuleux qui les fait ressembler par trop à des dogmes.

Or, rien n'est plus haïssable, plus creux que les dogmes [20].

Est-ce que les conditions de la vie ne sont pas indéfiniment modifiables ?

Est-ce qu'il ne peut pas survenir sans cesse des éléments nouveaux ? Est-ce que les éléments anciens ne sont pas susceptibles de variations continues, de telle sorte qu'il est impossible de prévoir

---

[20] « Mystagogues, mythologistes, oui, tous, presque tous ! Ceux qui s'appellent des libres-penseurs, au lieu d'affirmer simplement la liberté humaine, discutent, sermonnent et plantent autel contre autel. S'ils nient un dogme, c'est pour en prêcher un autre. En tout cas, ils parlent une langue à laquelle le commun des mortels ne comprend rien, et qu'eux-mêmes ne comprennent pas toujours... Ils disent bien qu'ils y voient clair, mais le dindon de Florian le disait aussi » (Jules Vallès.)

d'une façon complète quels seront les besoins, les forces et les revendications des générations ultérieures ?

Il ne faut pas confondre la théorie avec la pratique ni l'idéal avec les moyens d'y conformer approximativement la réalité.

Tenons-nous-en donc à la conception très haute et très générale du bien, que nous a fournie un examen attentif des lois qui président à l'évolution du monde et de l'humanité, nous réservant d'examiner à part comment cette conception pourrait être utilement inoculée et appliquée aux hommes, non pas à tous les hommes, quels qu'ils soient, non pas aux hommes de demain, que nous ne pouvons pas connaître, mais aux hommes d'aujourd'hui, avec leurs mœurs, leurs préjugés, leurs traditions, leurs qualités et leurs vices.

* * *

D'ores et déjà, cependant, nous pouvons, au moins, indiquer les grandes lignes du régime futur, les jalons principaux autour desquels se grouperont et rayonneront les institutions *quelconques* de la société régénérée

Nous possédons, pour cela, assez de renseignements.

Un premier point, hors et au-dessus de tout conteste, c'est évidemment que tous les moyens de production, c'est-à-dire, en définitive, toutes les garanties forgées par les générations successives contre les fatalités naturelles, afin de rectifier la passivité primitive de l'homme, doivent être mis à la disposition de tous et cesser d'être le monopole de quelques-uns.

Il ne doit plus y avoir au développement intégral des facultés et à la satisfaction complète des besoins de chacun, d'autres obstacles que les impossibilités naturelles, c'est-à-dire les fatalités que l'humanité n'aura pas encore su vaincre.

Il suffit qu'il y ait quelque part un seul homme qui trouve le moyen de s'y soustraire pour que tous, sans exception, acquièrent le droit d'en réclamer le bénéfice. C'est une conquête faite sur la nature, elle doit profiter au genre humain.

Faisons une hypothèse gratuite, excessive, mais dont l'exagération même servira à donner à notre pensée plus de relief et de portée: supposons qu'un homme découvre, ce qui fut le rêve des chercheurs du moyen âge, l'élixir d'immortalité.

Eh bien ! la société manquera à son devoir et méritera d'être bouleversée de fond en comble par une insurrection sans pitié, si elle ne livre pas ce bienheureux secret à l'universalité des mortels, si elle le réserve pour une coterie de favorisés...

Plus précisément, que devient, en présence de cette nécessité, le privilège capitaliste ?

C'est là un second point que nous pouvons encore envisager sans scrupule.

D'après la théorie de M. Haëckel et de tous les repus, ce privilège doit sans doute être, aussi lui, considéré comme une consécration éloignée de la loi de Darwin, qui est censée investie de la mission d'attribuer aux plus forts, aux plus intelligents, aux plus capables, des avantages particuliers.

Mais, nous savons à quoi nous en tenir sur l'exactitude de cette assertion.

Il y a beau temps que le fait *social* de l'organisation de la propriété et de la répartition du capital ne répond plus à un fait naturel. Y eût-il encore concordance, au surplus, que la société, qui a précisément pour but de réagir contre les conséquences du transformisme et de relever les faibles, devrait cesser de le protéger et de le maintenir.

N'oublions pas, d'ailleurs, que la richesse, faite des munitions amoncelées par les générations passées en vue de la lutte contre la nature et augmentées sans cesse par la collaboration immense des générations contemporaines, est *sociale dans son origine*.

N'est-ce pas une raison de plus pour conclure qu'elle doit être également *sociale dans sa destination*, que personne ne doit en être exclu, comme il arrive aujourd'hui qu'elle est livrée sans contrôle ni contrepoids aux fantaisies arbitraires de l'intérêt privé ?

N'est-il pas d'intérêt général que l'on augmente les ressources de la collectivité par l'extension indéfinie et le perfectionnement constant des moyens dont nous disposons, mais de telle sorte que les progrès de l'agriculture et de l'industrie, au lieu d'envenimer, comme il arrive fatalement avec l'organisation actuelle, la plaie du paupérisme, diminuent d'autant pour tout le monde les difficultés de la vie ?

D'où cette conséquence, que tous les moyens de production – éducation, sciences et arts , procédés industriels, instruments de travail, institutions de crédit et garanties d'échange égal – doivent être mis gratuitement à la disposition de tous, de telle sorte que chacun en ayant pris suivant ses goûts, ses aptitudes, ses besoins et sa puissance d'assimilation, soit à même de vivre aussi intensivement que possible, sans devoir d'hommage ni de redevance à personne en particulier, mais seulement à la collectivité tout entière, dont il est partie intégrante et active.

En bonne justice, l'individu ne peut disposer d'une façon définitive que de ce qu'il a personnellement produit, ou des équivalents que d'autres producteurs auront prélevé sur leurs œuvres pour payer ses services. Cette portion des biens collectifs, appropriable et aliénable, constitue son lopin propre d'existence : ce n'est qu'en l'utilisant qu'il exerce son droit et épuise sa part de consommation et de vie [21].

Quant aux moyens de production, aux armes destinées à vaincre les fatalités naturelles et à leur disputer les choses nécessaires aux hommes, c'est le patrimoine commun de l'humanité !

***

En attendant, comme il est prouvé que ce sont moins des fatalités naturelles que des fatalités sociales qui s'opposent à l'essor de l'humanité et à l'égalisation de plus en plus grande des avantages qui constituent la succession des générations passées, c'est à ces fatalités conventionnelles qu'il faut déclarer la guerre et la mener rudement.

Il faut changer le lit du progrès, canalisé jusqu'ici au profit seulement de quelques domaines seigneuriaux ; il faut travailler à briser toutes ces écluses factices qui débitent ses flots bienfaisants avec une parcimonieuse injustice, afin de pouvoir, par un système scientifique et indéfiniment perfectible d'irrigation sociale, les distribuer à tous les membres de la grande famille humaine.

---

[21] Comme, en effet, le progrès n'a d'autre but, en somme, que l'expansion de l'individu, c'est-à-dire son développement intégral, s'il est utile *de collectiviser les moyens de production*, il n'est pas moins indispensable *d'individualiser les moyens de jouissance.*
La société est débitrice envers chacun de la garantie des moyens d'existence ; mais, cette dette payée, qu'elle laisse son créancier, désintéressé désormais, s'arranger de son lot à sa guise.

Apprenons donc à la foule à sentir ses maux, à en connaître le siège et la profondeur, à connaître aussi sa force, sa valeur, les puissances irrésistibles qui sommeillent en son sein.

De gré ou de force après cela, la question ne tardera pas à se résoudre.

Secouons d'abord la torpeur des déshérités, illuminons leur conscience : le bon sens ou la poltronnerie des privilégiés feront le reste !

* * *
C'est ainsi que doit être entendu et pratiqué le darwinisme social !

Émile Gautier (1853-1937), 1880.